Dieses
Buch gehört

Karima Stockmann

Gönn dir eine
Atempause

Inhalt

Liebe Leserin, lieber Leser,

schon vieles wurde zum Thema „Entspannung" geschrieben, gelesen und ausprobiert – vielleicht ja auch von dir. Warum also dieses Buch? Weil mir das Leben einen Weg aufzeigte, der mich befreite – von Zukunftsängsten und Vergangenem, von Hast, Unruhe und Orientierungslosigkeit, vor allem aber von dem Gefühl, immer auf etwas warten zu müssen, ehe ich zufrieden sein kann, darf, will. Diese neue Lebensweise schenkte mir Vertrauen – in das Leben, in das Hier und Heute, in den Moment.

Ich wünsche mir von Herzen, dass dir meine Ideen und Gedanken dabei helfen, deine Potenziale zu nutzen, den Schlüssel zum Glück in dir selbst zu entdecken und deinen persönlichen Weg zu finden.

Deine Karima Stockmann

Lass den Alltag deine Oase,
das Heute deine *Inspiration* und
das Jetzt dein Geschenk sein!

Beginne, verändere, genieße

Das tägliche Hamsterrad aus Verpflichtungen und Aufgaben – jeder kennt es, keiner mag es und doch sind immer mehr Menschen darin gefangen. Natürlich, es gibt immer etwas zu tun, zu verbessern, zu erledigen. Jetzt muss erst einmal der Aufgabenberg bezwungen werden, für das gute Buch ist auch morgen noch Zeit und der Yogakurs muss diese Woche eben ausnahmsweise noch mal ausfallen. Die To-Do-Liste wird schließlich nicht von allein kürzer!

Erholungspausen, persönliche Hobbys oder auch Zeitfenster für genüssliches Nichtstun kommen dadurch jedoch oftmals zu kurz, obwohl sie auf deiner Aufgabenliste eigentlich ganz oben stehen sollten.

Doch warum fällt ein „Nein" so schwer, wenn dich ein anderer um deine Zeit bittet? Und warum sagst du stattdessen nicht öfter „Ja" zu dir und deinen Bedürfnissen?

Regelmäßige Atempausen sind wichtig. Sie bringen dich in Balance, schenken dir neue Kraft, entschleunigen deinen Alltag und helfen dir somit, dein Leben auch wirklich zu „erleben". Ohne diese wertvollen

Pausen zieht das Leben schnell an dir vorbei. Ehe du dich versiehst, ist wieder ein Jahr vorüber, in dem du doch eigentlich mit dem Gitarre spielen anfangen, mehr Zeit in der Natur verbringen oder die Fotoalben auf Vordermann bringen wolltest.

Warum verschiebst du schöne und dir wichtige Momente so oft auf morgen, übermorgen, das Wochenende, nächstes Jahr? Es ist an der Zeit innezuhalten, Zeit für Veränderung, Zeit für dich und eine Atempause.

Lass dich von diesem Buch inspirieren, lerne dich selbst besser kennen, entdecke Stärken, Sehnsüchte und Möglichkeiten, werde aufmerksamer und achte auf dich – wenn du es nicht selbst tust, macht es auch kein anderer für dich. Indem du dieses Buch mit deinen Ideen, Antworten und Wünschen füllst, gestaltest du etwas, das genau zu dir passt, zu deinen Bedürfnissen, zu deinem Leben. Dein Exemplar wird keinem anderen gleichen, denn du selbst schreibst daran mit. Nimm es immer wieder zur Hand – hier gibt es kein Ende, nur einen Anfang ...

Also bist du bereit? Bereit für mehr Ausgeglichenheit, Kraft und Zeit für dich selbst? Dann geht es los, genau jetzt: Willkommen in deiner Atempause!

Wir müssen von Zeit zu
Zeit eine *Rast* einlegen
und warten bis unsere Seelen uns
wieder eingeholt haben.

Indianische Weisheit

Weil du es dir wert bist

Kennst du das auch? Eben noch schnell das Pausenbrot für die Kinder schmieren, doch dann bleibt keine Zeit mehr für das eigene Frühstück? Morgen wird beim Umzug eines Freundes geholfen, die Lampe im eigenen Bad wartet jedoch schon seit Wochen darauf, gewechselt zu werden? Den Kunden rasch noch pflichtbewusst daran erinnern, dass er den Termin nicht verschwitzt, und doch vergisst du an diesem Tag das Wichtigste von allem: dich!

Mal ehrlich, was würdest du einer guten Freundin raten, wenn sie Tag für Tag, Woche für Woche nur damit beschäftigt wäre, sich um die Bedürfnisse ihrer Mitmenschen zu kümmern und dabei selbst ständig zu kurz kommt? Du würdest ihr raten: Mach mal eine Pause und denk jetzt nur an dich!

Jeder Tag schenkt dir 86.400 Sekunden – 86.400 Sekunden, die es in sich haben! Sie bedeuten mehr

als essen, schlafen, arbeiten, sollen, müssen, tun ...
Sie geben dir jeden Tag aufs Neue die Chance, innezuhalten und Glücksmomente auf deinem Lebens-
konto zu sammeln. Deshalb frage dich immer wieder:
„Was wünsche ich mir heute von meinem Tag?"

Du bist es wert, dass dir Gutes widerfährt. Also fang
an und wertschätze dich selbst am allermeisten. Das
hat nichts mit Egoismus zu tun, im Gegenteil: „Nur
ein voller Krug kann die Gläser füllen", besagt schon
eine alte Weisheit. Sei dir stets bewusst: Nur wenn es
dir selbst gut geht, behältst du die Fähigkeit auch für
deine Mitmenschen da zu sein.

Selbst wenn du vielerlei Pflichten und Aufgaben
hast, lass dich davon nicht beirren. Du wirst im Laufe
der nächsten Kapitel zahlreiche neue „Werkzeuge"
kennenlernen, mit denen du dir – an grauen, wie an
sonnigen Tagen – eine Atempause, neue Kraft und
eben einfach ein gutes Gefühl schenken kannst.

Damit du später möglichst schnell und unkompliziert
auf all deine persönlichen Gute-Laune-Macher zu-
greifen kannst, sammle sie doch in der Einstecktasche
am Ende des Buches. Schreibe Übungen, die
dir besonders gut gefallen oder geholfen haben, auf
einen Extrazettel und lege ihn dort hinein. Hier ist

auch Platz für weitere Seelenpflaster, wie beispielsweise Name und Telefonnummer einer guten Freundin, die genau weiß, wie sie dich wieder aufbauen kann. Oder du legst dort ein Foto eines eingefangenen Glücksmoments hinein, das dir schon beim Anschauen Freude bereitet. Vielleicht hilft dir auch ein ganz bestimmter Spruch oder Text gegen grübelnde Gedanken. Stecke ihn ebenso mit in deine Gute-Laune-Tasche.

Du und deine Rollen

Atempausen sind so vielseitig wie das Leben selbst. Kein Tag ist wie der andere, immer und überall erwarten dich Überraschungen, Herausforderungen und Chancen. Du spielst mit beim spannenden Spiel des Lebens. Lass dich darauf ein und vergiss bei all den verlockenden Nebenrollen deine eigentliche Hauptrolle nicht: Du selbst zu sein.

Denn jeder besetzt in seinem Leben zahlreiche „Rollen" – man ist Chef oder Angestellter, Kunde oder Dienstleister, Mutter und/oder Tochter, Vater und/oder Sohn ...

Werde dir bewusst, in wie vielen Rollen du tatsächlich steckst, und hinterfrage, ob vielleicht eine Nebenrolle dabei ist, in die du etwas weniger Zeit stecken könntest. Erfüllst du all diese Rollen, weil du es willst oder weil du es musst? Sind deine Prioritäten richtig gesetzt? Und von wem werden diese Prioritäten festgelegt?

 ## In die Praxis

1. Benenne alle Kreise mit einer Rolle, die du in deinem Leben besetzt und füge bei Bedarf weitere Kreise hinzu (z. B. Ich bin Mutter/Vater, Partner/in, Freund/in, Kollege/in, Angestellte/r, Patient/in, Tanzpartner/in, Nachbar/in).

2. Überlege, was die Ich-Rolle bedeutet. Welche Aktivitäten machst du tatsächlich nur für dich und dein Wohlbefinden – nicht für andere?

....

....

....

....

....

....

3. Kennzeichne nun die Rollen, die momentan besonders zeitintensiv sind. Überlege: Muss das so sein?

4. Prüfe, ob du auch der Ich-Rolle genügend Aufmerksamkeit und Zeit schenkst. Wenn nicht, woran liegt es?

....

....

....

....

....

Deine erste Pflicht ist, dich selbst *glücklich* zu machen. Bist du glücklich, so machst du auch andere glücklich.

Ludwig Andreas Feuerbach

Wer führt hier eigentlich Regie?

Du widmest so viel Zeit anderen Menschen, statt dich zu fragen, wonach dir gerade ist. Bist du vielleicht so sehr damit beschäftigt deinen Nebenrollen nachzugehen, dass du schon verlernt hast, worauf es in deiner Hauptrolle eigentlich ankommt? Weißt du überhaupt noch, was du tust, wenn du einfach nur du selbst bist? Malen, Musik hören, ein Buch lesen, Blumen bewundern, im See schwimmen, meditieren?

Nachgefragt

Was würdest du genau jetzt mit diesem Moment anstellen, wenn du keinerlei Verpflichtungen hättest? Was würdest du dann am liebsten tun?

....

....

....

....

....

Erinnere dich im Alltag immer wieder daran, der Ich-Rolle genügend Raum zu geben.

Wenn also alle Menschen ein Recht auf dich
haben, dann sei auch du selbst ein Mensch,
der ein Recht auf sich selbst hat.
Gönne dich dir selbst.

Bernhard von Clairvaux

Gehst du beispielsweise regelmäßig mit deinen Kollegen zum Mittagessen? Nutze diese Mittagspause, um auch deine Arbeitsrolle pausieren zu lassen. Übernimm die Regie und stoße ein Gespräch über private Dinge an: Wie war euer Wochenende, was stellt ihr mit dem heutigen Feierabend noch an? Lenke das Gespräch weg von Arbeitsthemen, denn jetzt hast du frei! Also mache auch deinen Kopf frei von Kundenanliegen, Arbeitsprojekten oder Abgabefristen. Auf diese Weise kannst du dich in deiner Mittagspause besser regenerieren und gleichzeitig du selbst sein – weil du selbstbestimmt handelst.

Warum passiert es eigentlich oft wie von selbst, dass du im Handumdrehen wieder in einer Nebenrolle steckst und vielleicht sogar darin aufblühst? Weshalb schenkst du diesen Rollen so viel Zeit und Aufmerksamkeit? Sicher auch weil sie Schutz und Sicherheit bieten. Sie bewahren dich davor, dich mit Fragen auseinanderzusetzen: „Was würde ich jetzt gerne machen? Was interessiert mich? Wo stehe ich im Leben? Bin ich zufrieden mit meiner momentanen Lebenssituation? War das schon alles? Und überhaupt: Wie geht es mir eigentlich?"

Gefühlsbarometer

Ich fühle mich
spitzenmäßig,
es könnte nicht
besser sein.

Wie geht es dir gerade?

Trau dich und mach es dir zur Gewohnheit, dich selbst mehrmals täglich nach
deinem Befinden zu fragen oder zumindest
immer dann, wenn du dieses Buch zur
Hand nimmst. Markiere mit einem
schmalen Klebezettel jedes Mal deine
momentane Stimmung seitlich am Gefühlsbarometer. Starte am besten gleich
jetzt damit!

Heute ist
überhaupt
nicht mein Tag,
ich fühle mich
richtig mies.

Auf diese Weise kannst du beobachten, wie sich deine Gefühlslage von Tag zu Tag verändert und sie bewusster wahrnehmen.

Wenn du möchtest, gehe noch einen Schritt weiter und erforsche, wie sich diese Stimmung in deinem Körper anfühlt: Bedrückt dich etwas und merkst du, wie dein Rücken unter der Last leidet? Wie sich dein Nacken verhärtet oder dein Kopf schmerzt? Schlägt dir etwas auf den Magen und spürst du wie er sich verkrampft? Oder fühlst du dich gerade wunderbar erleichtert und dein ganzer Körper scheint schwerelos zu sein? Hüpft dein Herz vor Freude oder spürst du deine momentane Zufriedenheit als angenehmes Kribbeln im Bauch?

Was spürst du genau jetzt in deinem Körper?

....

....

....

....

....

....

Die *Langsamkeit* bietet die Chance, das, was wir tun, auch zu erleben.

Henriette Wilhelmine Hanke

Höre auf deinen Körper und auf die Antwort, wenn du dich immer wieder fragst: „Wie geht es mir?" Nimm auftretende Stimmungsschwankungen ohne Wertung zur Kenntnis, man muss nicht jeden Tag ein kleiner Sonnenschein sein. Ärgere dich auch nicht, wenn die Stimmung mal auf dem Tiefpunkt ist, denn durch Groll lässt sich dein Wohlbefinden nicht steigern. Akzeptiere stattdessen, wie es gerade ist.

Du darfst dich auch mal schlecht fühlen. Umarme tröstend deine schlechte Stimmung und mache das Beste daraus. Wenn du heute sowieso keinen Kopf für die Steuererklärung, den Großputz oder die Launen deiner Mitmenschen hast, nimm dir einfach Zeit für dich selbst.

Indem du aktiv etwas für dich und dein momentanes Wohlbefinden tust, verblassen Sorgen und Ängste. Probiere nach und nach die Ideen und Anregungen der nächsten Kapitel aus und sieh selbst, was passiert …

❦ Nachgefragt

Fällt dir selbst spontan etwas ein, dass dir an grauen Tagen die Stimmung versüßt? Und damit sind keine Naschereien gemeint, sondern vielmehr Aktivitäten fernab von irgendwelchen Genussmitteln.

Was hast du vielleicht schon lange nicht mehr gemacht, obwohl es dir früher dabei geholfen hat, vom Alltagstrubel abzuschalten? Gehe ruhig ein wenig in die Vergangenheit zurück und denke zunächst nicht darüber nach, ob es heute immer noch dieselbe Wirkung auf dich haben würde. Bringe dir einfach deine altbewährten Entspannungstricks wieder ins Gedächtnis. Es muss auch keine ausgefeilte Yogaübung sein, vielleicht ist es für dich genau das Richtige, dein Lieblingslied laut aufzudrehen, durch den Park zu spazieren oder ein neues Kochrezept auszuprobieren.

Wann steigt dein Stimmungsbarometer?

....

....

....

....

Wir sind nicht nur für das *verantwortlich,*
was wir tun, sondern auch für das,
was wir nicht tun.

Molière

Du hast nun ein paar Möglichkeiten aufgezählt, wie du dir einen Moment zum Durchatmen schenken kannst. Doch sind sie ein fester Bestandteil deines Alltags? Lass deinen Alltag, dein Leben, den jetzigen Moment nicht weiterhin von Pflichten, Nebenrollen und vermeintlich Wichtigerem fremdbestimmen. Sei du selbst! Trau dich, auf deine Bedürfnisse zu hören. Trau dich, dich selbst wertzuschätzen. Trau dich, es laut auszusprechen: „Ich bin wichtig! Ich bin es wert, mir Zeit zu schenken!"

Du bist nicht nur wichtig, du bist sogar ein Wunder der Natur – bestehend aus etwa 206 Knochen, über 650 Muskeln und ungefähr 100 Billionen einzelnen Zellen, die jede für sich schon ein kleines Wunderwerk an Perfektion darstellt. Schon der deutsche Schriftsteller Wilhelm Raabe sagte einst: „Freue dich, dass du in dieser Welt bist und zu den Wundern gehörst." Ja – du gehörst zu den Wundern dieser Welt. Sei stolz darauf!

Spieglein, Spieglein an der Wand ...

Mal unter uns: Was gefällt dir an diesem Meisterwerk, das du jeden Tag im Spiegel siehst, eigentlich am besten? Magst du deine Augen, dein Lachen oder deinen Bauchnabel? Oder sind es vielleicht Dinge, die man nicht auf den ersten Blick sehen kann: Kannst du gut zuhören oder bist du Testsieger in Sachen Pünktlichkeit? Beginne heute diese Komplimente-Liste und vervollständige sie, wann immer dir danach ist:

Was gefällt dir äußerlich am besten an dir?

Was sind deine Stärken und Fähigkeiten?

....

....

....

....

....

....

....

....

....

....

....

....

....

Wusstest du, dass ein Kompliment oder Lob ein
wahres Feuerwerk der Dopamine, also der „Glücks-
hormone", in deinem Körper auslöst?

Warum also darauf warten, dass dir jemand ein Kompliment macht? Das Allerwichtigste ist, die eigenen
Stärken anzuerkennen. Wenn du dich selbst wertschätzt und achtest, fühlst du dich weniger abhängig
von äußeren Umständen und den Meinungen deiner
Mitmenschen. Wer sich selbst mag, den können die
anderen auch einfach mal „gern haben" ...

Verwöhne dich also so oft es geht mit anerkennen-
den Worten und klopfe dir jeden Tag selbst auf die
Schulter. Ist es nicht auch schon lobenswert, dass
du gerade dieses Buch liest und somit zeigst, dass
du auf dich Acht geben möchtest? Das ist spitze!
Sei zufrieden mit dir!

Kein **Wind** ist
demjenigen günstig,
der nicht weiß,
wohin er segeln will.

Michel de Montaigne

Kennst du dein Ziel?

Es ist enorm wichtig, Ziele und Prioritäten im Leben zu setzen, denn sie zeigen dir auf, was du tagtäglich mit deiner kostbaren Zeit am liebsten anstellen würdest. Anstatt ohne Plan durchs Leben zu hetzen, lege immer wieder eine Atempause ein und frage dich: „Wohin möchte ich eigentlich eilen? Welches Ziel verfolge ich so voller Eifer? Was hat wahren Wert für mich? Muss ich immer erst auf etwas warten oder kann ich bereits in diesem Augenblick eines meiner Ziele erreichen?"

Du kommst deinen Zielen schon ein großes Stück näher, wenn du dich selbst und deine Bedürfnisse wichtiger nimmst. Warte nicht länger darauf, dass sich deine Lebenssituation grundlegend ändert, denn es wird immer wieder etwas geben, das du gerade überhaupt nicht gebrauchen kannst, irgendetwas, nach dem du dich unheimlich sehnst, irgendetwas, das du vermeintlich zum Glücklichsein brauchst ... Doch du besitzt bereits jetzt die Freiheit, immer wieder durchzuatmen und deine Gedanken auf das Positive im Leben zu richten. Nutze diese Freiheit und werde vom Suchenden zum Findenden. Gönn dir eine Atempause und genieße den Moment!

Was möchtest du sein?
Was möchtest du tun?

* mehr Zeit für mich selbst haben

* mehr Zeit mit meinen Liebsten verbringen

* mehr Zeit für meine Hobbys haben

* mich gesund und wohl in meiner Haut fühlen

* unbeschwert sein

* selbst über meine Zeit bestimmen

* ....

* ....

* ....

* ....

* ....

* ....

* ....

* ....

Jeder Zustand, ja jeder *Augenblick*
ist von unendlichem Wert;
denn er ist der Repräsentant
einer ganzen Ewigkeit.

Johann Wolfgang von Goethe

Achtsamkeit

Sich regelmäßig Atempausen zu gönnen bedeutet nicht, pflichtbewusst dreimal die Woche einen Meditationskurs zu besuchen oder „ausgebrannt" auf eine 4-wöchige Ayurveda-Kur zu fahren. Viel sinnvoller ist es, wenn Atempausen ein ständiger Begleiter deines Alltags sind – morgens und abends, montags und samstags, zu Hause und in der Arbeit, auf dem Spielplatz und dem Rockkonzert.

Eines ist bereits klar: Du bist wertvoll und hast dir solche Atempausen mehr als verdient. Richtig?
Oder gibt es vielleicht trotzdem etwas in dir, das dich noch daran hindert? Ist da eine Stimme, die dich antreibt: „Du hast keine Zeit! Was bringt das schon?! Du brauchst dieses ganze Entspannungszeugs nicht, du schaffst das auch so!" Natürlich schaffst du es auch so, doch wie fühlst du dich dabei? Bist du wirklich zufrieden und ausgeglichen?
Es ist nicht immer leicht, die Arbeit nach Feierabend gleich hinter sich zu lassen und die geplanten Freizeitaktivitäten voll und ganz zu genießen. Manchmal kreisen die Gedanken noch um Aufgaben, die zu erledigen sind. Oder dir geht eine unangenehme

Situation nicht aus dem Kopf, obwohl du jetzt nichts mehr daran ändern kannst.

Bestimmt stellst du dir manchmal kräftezehrende Fragen, auf die du doch keine Antwort bekommst: „Warum ist mir das nur passiert? Was geschieht, wenn ich es nicht schaffe? Was wäre, wenn ich mich anders entschieden hätte?"

Doch warum hängst du mit deinen Gedanken in jeglichen Zeitzonen, nur nicht der Gegenwart? Es kostet dich kostbare Energie und lenkt dich von dem ab, was gerade tatsächlich passiert. Deshalb grüble nicht lange über Dinge, die bereits geschehen und nicht mehr umkehrbar sind. Fantasiere nicht über mögliche schlimme Szenarien, die vielleicht nie eintreten werden. Was zählt, ist das Jetzt, der gegenwärtige Augenblick, die immer wiederkehrende Einladung zu einer Atempause. Denn mal ehrlich, belastet dich der jetzige Moment? Genau dieser Augenblick, in dem du durch dieses Buch blätterst, diese Zeilen liest, deine Hände die Außenseite des Buches spüren, deine Füße den Boden oder dein gemütliches Sofa berühren, dein Herz sanft schlägt und dein Atem dich bedingungslos am Leben erhält? Gibt es genau in diesem Moment etwas Schlechtes? Nicht vorhin oder nachher – was ist mit diesem Augenblick? Spüre ihn, erfasse ihn – mit all deinen Sinnen.

Atempausen = Denkpausen

Ohne darüber nachzudenken, warst du gerade „achtsam". Du hast deinen Sinnen erlaubt dich und deine Umgebung wahrzunehmen, dich auf die Gegenwart zu konzentrieren. Und plötzlich geschah etwas Wunderbares – dein Kopf verstummte, dein Verstand schwieg und du warst einfach nur da!

Genau das ist das Geheimnis für einen Alltag voll unzähliger Atempausen – Achtsamkeit!
Denn achtsam zu sein bedeutet, den jetzigen Moment mit all deinen Sinnen intensiv wahrzunehmen ohne ihn zu bewerten. Denn es geht dabei nicht um richtig oder falsch, gut oder schlecht.

Achtsamkeit ist unabhängig von äußeren Bedingungen, Ort und Zeit und ermöglicht dir, dich auch bei alltäglichen Tätigkeiten wie beim Essen, Zähneputzen oder Gehen zufrieden und lebendig zu fühlen.

Zukünftiges, Vergangenes, Sorgen und Ängste – all die grübelnden Gedanken verlieren an Bedeutung, wenn du deine Aufmerksamkeit bewusst auf den gegenwärtigen Moment lenkst.

Du brauchst also nicht mehr zu warten, sondern erhältst bereits in jedem einzelnen Augenblick eine neue Chance ans Ziel zu gelangen: ein bewusstes und selbstbestimmtes Leben voller Zufriedenheit und wunderschöner Momente.

Sollte die kleine, grübelnde Stimme doch wieder in deinem Kopf auftauchen, dann lass dich nicht von ihr irritieren. Identifiziere dich nicht mehr mit ihr, sei stattdessen ein neugieriger Zuhörer und horche, was sie zu sagen hat. Schmunzle über ihre Worte, denn du hast den Störenfried ertappt und lässt das Grübeln nicht mehr unbewusst über dich ergehen.

Durch diese bewusste Trennung zwischen „kleiner Stimme" und „Zuhörer" haben die Grübeleien keine Macht mehr über dich. Du erlaubst ihnen nicht mehr, dich zu stören oder von deinen erholsamen Atempausen abzuhalten. Du drehst den Spieß um und beeinflusst deine Gedanken nun durch dein Verhalten, anstatt es umgekehrt geschehen zu lassen.

Es gibt nur einen einzigen *Augenblick,*
in dem du wirklich vollständig
lebendig sein kannst – und das ist immer
der gegenwärtige Augenblick.

Thich Nhat Hanh

Nun schaut der Geist nicht vorwärts,
nicht zurück, die Gegenwart
allein – ist unser *Glück.*

Johann Wolfgang von Goethe

Achtsamkeit ist trainierbar

Kennst du bereits Situationen, in denen es dir leicht-
fällt, achtsam zu sein? Wann bist du vollkommen im
Moment und erfüllt von deinem Tun? Gibt es Situationen, in denen du dich deinen Sinnen hingibst und das
Gedankenkarussell zum Stillstand kommt? Beispielsweise beim Tanzen, Malen oder Sport treiben?

....

....

....

....

....

....

Wie viele Stunden pro Woche nimmst du dir Zeit für
diese wunderbare(n) Beschäftigung(en)?

Etwa .... Stunden pro Woche

Würdest du gerne mehr Zeit damit verbringen?

O Ja   O Nein

Was hindert dich bisher daran, diesen Beschäftigungen öfter nachzugehen? Gibt es eine Möglichkeit, dass du es doch öfter schaffst?

....

....

....

....

....

Wie einleitend schon beschrieben: Um deine Achtsamkeit zu trainieren, brauchst du nicht viel Zeit. Im Gegenteil! Schon wenige Minuten können ausreichen, um im wahrsten Sinne des Wortes durchzuatmen und neue Kraft zu schöpfen.

Achtsamkeitsübungen sind die perfekte Möglichkeit, um sich auch in Stresssituationen in kürzester Zeit wieder zu beruhigen. Wer achtsam und gelassen bleibt, behält die Kontrolle über eine Situation und verliert sich nicht in Panik oder Hetze.

Erkennst du eigentlich, wann dein Stresssystem aktiviert wird? Achtest du darauf, wenn dein Körper auf Zeitdruck oder Überforderung reagiert und dir dies schmerzend zeigt – mit Rückenproblemen, lästigen Kopfschmerzen, Schlafstörungen oder anhaltender Abgeschlagenheit?

Nachgefragt

Wenn du gestresst bist, reagiert dein Körper vor allem mit diesen Signalen:

....

....

....

Körperliche Stresssymptome sind ebenso wie dein Gefühlsbarometer auf Seite 22 wertvolle „Warnzeichen" für dich – wenn du sie nicht übersiehst …

Es ist also wichtig, dass du auf deinen Körper achtest und, wenn nötig, die Notbremse ziehst. Am besten übst du dich mehrmals täglich in Achtsamkeit und Gelassenheit, damit Körper, Geist und Seele gar nicht erst aus dem Gleichgewicht kommen.

Friede entsteht aus
Achtsamkeit für den *Augenblick.*

Marion Blum

Achtsames Atmen

Was machst du über 20.000 Mal am Tag – ohne es die meiste Zeit überhaupt zu bemerken? Ganz genau: atmen.

Wie gut, dass dein Körper das von ganz alleine macht, denn du würdest es wahrscheinlich noch vergessen, so beschäftigt wie du bist …

Nicht ohne Grund ist bewusstes Ein- und Ausatmen Bestandteil vieler Entspannungs- und Konzentrations-übungen. Eine Atemübung ist einfach umzusetzen und besonders effektiv, da sie erwiesenermaßen den Herzschlag, den Blutdruck und die Sauerstoffzufuhr im Gehirn positiv beeinflussen kann. Dein gesamtes Nervensystem bekommt dadurch einen richtigen Frischekick.

Damit du künftig vor allem dann durchatmen kannst, bevor eine stressige Situation die Oberhand gewinnt, trainierst du diese Übung am besten mehrmals am Tag. Anfangs vor allem in Augenblicken, in denen du dich wohl fühlst. Wie wäre es gleich jetzt mit solch einer kurzen Auszeit?

Mein Geist dürstet nach Taten,
mein Atem nach *Freiheit.*

Friedrich Schiller

In die Praxis

Öffne, wenn möglich, ein Fenster und nimm dir etwa drei Minuten Zeit, um einfach still dazusitzen und zu atmen. Wenn du möchtest, kannst du dabei deine Augen schließen.

Entspanne deine Bauchmuskeln und atme durch die Nase tief in deinen Bauch. Merkst du, wie er sich beim Einatmen wölbt und schließlich deine gesamte Taille weiter wird? Nun füllen sich auch deine Lungen mit Luft während sich deine Schultern sanft heben.

Der frische Sauerstoff durchfließt wie eine Welle nach und nach deinen gesamten Oberkörper. Stell dir vor, wie er dich dabei belebt und dir neue Kraft schenkt.

Atme nach jedem kraftvollen Atemzug sofort wieder langsam durch die Nase aus. Lass dir mindestens doppelt so viel Zeit wie beim Einatmen. Wenn dir dies anfangs schwer fällt, presse die Luft vorsichtig durch deine fast verschlossenen Lippen, so als würdest du einen heißen Tee kühl pusten. Warte dann ruhig 2 – 3 Sekunden, bevor dein Körper wie von alleine nach einem weiteren Atemzug verlangt.

Damit auch deine Gedanken voll und ganz im Hier und Jetzt sind, kannst du deine Atmung innerlich auch mit beruhigenden Worten begleiten. Je nach Situation kannst du dir beispielsweise vorsagen: „Ich atme Ruhe ein – ich atme Stress aus" oder „Ich atme Mut ein – ich atme Angst aus".

Beende diese Atemübung, indem du langsam die Augen öffnest und der Entspannung in deinem Körper nachspürst.

Wie fühlst du dich jetzt?

....

....

Wenn du dir Zeit für diese Übung nimmst und sie in Ruhe durchführst, ist sie besonders effektiv. Doch es gibt viele Alltagssituationen, in denen du auch mit geöffneten Augen und während du eine Aufgabe erledigst, bewusst und achtsam atmen kannst: auf dem Weg zum Büro des Kollegen, beim Händewaschen, Einkaufen oder Lesen. Je öfter du bewusst auf deine Atmung achtest, desto ausgeglichener wirst du dich fühlen. Auf diese Weise kannst du Zeitdruck oder innerem Stress bereits entgegenwirken, bevor er entsteht. Ist das nicht wunderbar?

Den (inneren) Körper spüren

Wir nehmen den Großteil unseres Körpers oft erst wahr, wenn er schmerzend auf sich aufmerksam macht. Haben wir starke Kopfschmerzen wünschen wir uns nichts sehnlicher als deren Abklingen, sind wir durch einen Knochenbruch in einen Gips gezwängt, können wir es kaum erwarten, wieder Normalität und Beweglichkeit zu erlangen. Doch kaum sind wir wieder an die Einsatzfähigkeit dieses Körperteils gewöhnt, schenken wir ihm nicht mehr diese intensive Aufmerksamkeit.

Durch die folgende Übung lernst du deinen ganzen Körper bewusst wahrzunehmen. Du merkst, wo es zwickt, wo der Schmerz nachlässt oder welche Körperteile gesund und voller Energie sind.

Die Übung erinnert dich auch daran, welch großes Geschenk es ist, diesen Körper zu bewohnen. Auch wenn er dich ab und an mit ein paar Zipperlein ärgert, so tragen dich deine Füße und Beine doch ein Leben lang über Stock und Stein. Deine Lungen atmen unermüdlich, deine Nieren haben täglich Waschtag und für deine Leber heißt es zu jeder Jahreszeit: Frühjahrsputz und fleißig entgiften.

In die Praxis

Variante 1:
Die klassische Form der Körperwahrnehmung kennst du vielleicht bereits als autogenes Training. Während du mit geschlossenen Augen bequem sitzt oder liegst, richtest du deine Aufmerksamkeit zunächst auf ein einzelnes Körperteil. Beginne beispielsweise damit, deinen rechten Arm wahrzunehmen, und formuliere in Gedanken immer wieder denselben Satz, z. B.: „Mein rechter Arm ist warm."

Du behältst diese Kombination aus Wahrnehmung und Formel so lange bei, bis du tatsächlich eine deutliche Wärme spürst. Diese Wärme kannst du auf weitere Körperteile ausweiten: Nimm deinen linken Arm wahr und wiederhole deine „Wärme-Formel" so lange, bis sich auch dieser wohlig warm anfühlt. Nun lenke auf die gleiche Art und Weise deine Wahrnehmung auf die Hände, Beine und Füße.

Beachte bitte, dass du Körperwahrnehmungsübungen sanft beendest, indem du deinen Körper beispielsweise langsam in Bewegung bringst, dich streckst oder deinen Körper vorsichtig abklopfst.

Beim autogenen Training gibt es vielerlei verschiedene Formeln und Anwendungsmöglichkeiten. Nach und nach wird sich dein Körper wie von ganz allein ruhig und ausgeglichen fühlen, sobald du lediglich deine erlernte Formel aufsagst, das heißt der gewünschte Entspannungszustand wird zunehmend schneller erreicht.

Was hinter uns liegt
und was vor uns liegt,
ist nichts im Vergleich dazu, was *in uns* liegt.

Ralph Waldo Emerson

Variante 2:
Diese Variante kannst du immer und überall, mit geschlossenen oder offenen Augen, und in jeder Körperhaltung durchführen. Wo auch immer du also jetzt gerade bist, sitzt, stehst … atme bewusst ein und aus und beginne diese Übung damit, die Lebensenergie zu fühlen, die durch dich hindurchfließt.

Wie fühlt es sich an? Kannst du vielleicht dein Herz wahrnehmen? Spürst du Wärme in dir? Kribbelt es? Weite das Gefühl aus und versuche, auch in deinem Bauch und Kopf, in deinen Beinen, Füßen, Armen und Händen die Lebendigkeit jeder einzelnen Zelle wahrzunehmen.

Vielleicht musst du anfangs die Augen schließen, um es dir vorzustellen zu können. Lass dir Zeit und visualisiere, wie das Blut in deinem Körper pulsiert, wie deine Zellen rege Informationen austauschen, wie dein Gehirn kontinuierlich Signale erhält, verarbeitet und weitergibt. Jeder Millimeter deines Körpers ist erfüllt mit Leben.

Variante 3:
Wenn es dir schwerfällt, diese Lebendigkeit in dir zu spüren, nimm mit deinem Körper erst einmal von außen Kontakt auf. Setze dich gemütlich hin und

beginne damit, alle Teile deines Körpers zu spüren, mit denen du an etwas lehnst, auf etwas sitzt oder stehst. Lehnst du an einem harten Baum oder einer kantigen Stuhllehne? Sitzt du auf einem weichen Sitzkissen oder im Gras? Stehen deine Füße mit ganzer Sohle fest auf dem Boden?

Spüre dann auch den Kontakt zwischen deiner Kleidung und deiner Haut. Hast du einen bequemen, warmen Pullover an oder ein luftiges Shirt? Wie fühlt sich das Material auf deiner Haut an? Merkst du den leichten Druck deines Hosenbundes? Liegt deine Hose oder dein Rock eng an oder umspielt der Stoff locker deine Beine?

Wandere nun mit deiner Aufmerksamkeit langsam von deiner Körperhülle nach innen. Spüre die Wärme, das Kribbeln, die Lebensenergie in dir und lass dir auch hierbei genügend Zeit.

Je öfter du diese Übung durchführst, desto leichter wird sie dir fallen. Irgendwann kannst du beispielsweise auch jetzt, während du weiterliest, deinen Körper von innen spüren. Dies verbindet dich auf intensive Weise mit dem jetzigen Moment und schenkt dir Ruhe und Gelassenheit.

TRICKKISTE

Hier kommt die Turbovariante, um deine Körperwahrnehmung für einen achtsamen und entschleu-
nigten Alltag zu nutzen: Wähle ein kleines Körperteil
aus, beispielsweise deine Zungenspitze, deinen linken
großen Zeh oder deinen Bauchnabel und spüre so
oft wie möglich am Tag in diesen Teil deines Körpers
hinein. Sei dir einfach, wann immer es geht, darüber
bewusst, dass er da ist und vergiss ihn auch im
Alltagstrubel nicht. Jedes Mal, wenn dir das gelingt,
gönnst du deinem Geist eine kurze Denk- und Atempause. Schneller geht's nicht. Für welches Körperteil
entscheidest du dich?

Nachgefragt

Gibt es ein Körperteil, das dich bis vor Kurzem noch
geplagt hat – durch eine Verletzung, einen Schmerz,
eine Erkrankung – und jetzt aber wieder gut in Schuss
ist? Welcher Teil deines Körpers ist es? Wie fühlt sich
diese Körperstelle jetzt an? Bist du dankbar über die
Genesung? Dann sag es doch einfach und freu dich
erneut über dieses Glück: „Danke!"

Allumfassend wahrnehmen

Mit dieser simplen Handübung trainierst du deine Fähigkeit, Momente intensiver zu erleben. Denn wie oft passiert es, dass ein Tag wie im Flug vergeht, du dich fragst, wo die Zeit geblieben ist und sich deine Gedanken ständig um irgendetwas anderes drehten?

Ein schöner Moment, der eigentlich deine volle Aufmerksamkeit verdient hätte, ist vorbei, ehe du darin angekommen bist …

Schluss damit, ab heute kannst du solche Augenblicke intensiver erleben, denn jetzt trainierst du, deine Umgebung allumfassend wahrzunehmen.

In die Praxis

Du beginnst, indem du deinen Arm so vor dir ausstreckst, dass du deine Handinnenfläche betrachten kannst. Wähle willkürlich eine einzelne Handlinie aus und fixiere sie mit deinem Blick.

Nimm nun – ohne deinen Blick von dieser Handlinie abzuwenden – deine fünf Finger wahr. Du kannst sie sehen, ohne direkt darauf zu blicken. Auch kannst du erkennen, was links und rechts neben deiner Hand passiert, siehst die Möbel, ein Buch, die Natur oder den Himmel. Fokussiere weiterhin deine Handlinie und nimm all das um dich herum dennoch aus dem Augenwinkel heraus wahr.

Wenn du diese Übung in der freien Natur machst, hat sie einen besonders starken Effekt. Zusätzlich zu Farben und Konturen, kannst du dich nun auch auf Gerüche, die Temperatur, den Wind und Geräusche konzentrieren. Vielleicht hörst du aber auch nichts außer friedlicher Stille …

Ist dir aufgefallen, dass deine Gedanken bei dieser Übung schon wieder verstummt sind und deinen Sinneswahrnehmungen den Vortritt gelassen haben? Genieße diese Denkpause so oft es geht und atme wenn möglich gleichzeitig bewusst ein und aus.

Achtsamer Alltag

Ebenso unkompliziert wie achtsames Atmen, das Spüren deines Körpers und die allumfassende Wahrnehmung deiner Umgebung, lassen sich vollkommen alltägliche Tätigkeiten zu einer praktischen Trainingseinheit verwandeln. Zeitmangel ist somit keine Ausrede mehr für zu wenige Atempausen …

Du könntest beispielsweise achtsam kochen, essen, duschen oder auch umarmen – probier es einfach aus. Suche dir eine Aktivität aus und führe sie von nun an so oft es geht achtsam durch, das heißt, kombiniere eine der vorangegangenen Übungen nach Belieben mit deiner eigentlichen Tätigkeit: Achte etwa auf eine bewusste, ruhige Atmung oder spüre wie deine Füße den Boden berühren. Setze gezielt deine Sinne ein und nimm deinen Körper oder auch deine Umgebung wahr. Bewerte deine Eindrücke nicht – gut oder schlecht gibt es hierbei nicht.

In die Praxis

Nutze die ungestörten Minuten beim Duschen, um ganz nebenbei neue Kraft zu schöpfen und deinen Alltag zu entschleunigen. Achtsames Duschen benötigt nicht mehr Zeit, sondern nur mehr Beachtung der einzelnen, kleinen Schritte. Erforsche dafür alles ganz genau:
Ist der Boden deiner Dusche kalt oder warm? Spürst du die Temperatur des Wassers? Wie fühlt sich die Seife auf deiner Haut an? Wie nimmst du deine Haut wahr? Wonach riechen Duschgel und Shampoo?

Genieße die kurze Kopfmassage, während du dir deine Haare shampoonierst und versuche dabei deine

Kopfform zu ertasten. Vergiss dabei jedoch deine anderen Sinneseindrücke nicht und nimm den Moment mit all seinen Details wahr. Atme die feuchte Luft ein und realisiere, dass du gerade wertvolle Zeit verbringst, die einfach nur dir und deiner Wahrnehmung gehört. Was für ein Geschenk!

Mit der Zeit wirst du immer mehr und mehr Wahrnehmungen miteinander kombinieren können. Sei geduldig mit dir und nimm dir nicht zu viel auf einmal vor. Eine bewusste Atmung oder das vermehrte Einsetzen deiner Sinne ist für sich bereits ein großer Fortschritt. Du bekommst in diesem Buch zahlreiche Ideen mit auf den Weg, doch manchmal genügt eine einzelne Übung und plötzlich verändert sich dein Zeitgefühl oder deine innere Balance zum Positiven.

TRICKKISTE

Es gibt zusätzlich einen einfachen Trick, um alltägliche Vorgänge wieder bewusster durchzuführen: Wechsle einfach die Hand. Schüttest du sonst deinen Kaffee immer mit der rechten Hand in die Tasse, mache es morgen mit der linken. Oder schreibe kurze Notizen mit der linken statt der rechten (oder andersherum). Probier es einfach aus, gleich jetzt!

Immer und überall haben wir eine *Chance:*
den Augenblick richtig zu leben.

Lore-Lilian Boden

Kleine Helfer im Alltag

Jetzt kennst du schon verschiedene Achtsamkeits-übungen, mit denen du quasi auf Knopfdruck dein Nervensystem entlasten kannst. Doch was, wenn es mit der Konzentration schwerfällt, die Gedanken wild umherschwirren und du einfach nicht abschalten kannst? Beispielsweise in der Arbeit, in Stresssituationen oder wenn du irgendwo auf etwas warten musst?

Ärgere dich nicht darüber, dass es jetzt gerade nicht klappt mit dem Entspannen. Anstatt deine Gedanken durch intensive Wahrnehmung des Momentes zur Ruhe kommen zu lassen, fordere deinen Geist mit den folgenden Übungen.

Kurzurlaub in deiner Wohlfühl-Oase

Tatsächlich fällt es vielen Menschen anfangs schwer, auf Knopfdruck an nichts zu denken, um nicht nur dem

Körper, sondern auch dem Geist eine Pause zu gönnen. Die folgende Imaginationsübung hilft dir, deine Gedanken auf etwas Positives und Entspannendes zu richten.

Wie wäre es, wenn du dich jetzt und dann regelmäßig, beispielsweise vor dem Schlafengehen oder nach dem Erledigen einer Aufgabe in Beruf oder Haushalt, mit einem Kurzurlaub in deiner persönlichen Wohlfühl-Oase belohnst. Denn immer daran denken: Du hast es dir verdient!

TRICKKISTE

Sollten dich auch bei den folgenden Übungen immer wieder deine Gedanken stören, gehe folgendermaßen vor: Bedanke dich für diesen Gedanken, anstatt dich gegen ihn zu wehren. Sage dir innerlich: „Danke, lieber Gedanke, dass du da bist. Gerne begrüße ich dich zu einem späteren Zeitpunkt noch einmal, denn jetzt möchte ich bitte für mich allein sein." Dann stell dir vor, du setzt ihn auf eine weiße Wolke – und lässt ihn fortziehen. Dies kannst du mit jedem Gedanken machen, der deiner Denk- und Atempause in die Quere kommt.

In die Praxis

Schließe deine Augen und konzentriere dich zunächst nur auf deinen Atem. Behalte deine Augen geschlossen und stelle dir nun vor, dass du an einem Ort bist, der für dich vollkommene Ruhe ausstrahlt. Vielleicht ein Berggipfel mit Blick über das saftig grüne Tal? Ein einsamer, von Palmen gesäumter Sandstrand? Eine ruhige Waldlichtung? Ein gemütliches Kaminzimmer? Du hast die Wahl.

Stell dir jedes Detail deiner neuen Umgebung genau vor und genieße die Atmosphäre mit all deinen Sinnen.

Hör genau hin. Rauscht das Meer? Zwitschern die Vögel? Knistert das Feuer? Oder herrscht vollkommene, friedliche Stille?

Was fühlst du?
Spürst du das Gras oder den warmen Sand unter deinen Füßen? Sitzt du auf einem großen, kühlen Stein, einer gemütlichen Holzbank oder einer kuscheligen Decke?

Kannst du den Duft von Kiefernnadeln, erdigem Moos oder salziger Meerluft riechen?

Erkunde deine Wohlfühl-Oase Stück für Stück und freue dich darüber, dass alles genau so ist, wie du es gerade haben möchtest.

Das Beste daran: Du kannst jederzeit zu diesem geheimen Ort zurückkehren, wann immer du dir Zeit dafür nimmst.

Für den Anfang ist es empfehlenswert immer wieder an denselben Kraftort zurückzukehren und dann Stück für Stück mehr Details zu erschaffen.

Damit du auch in turbulenten Zeiten deine Wohlfühl-Oase in dir wiederfindest, beschreibe hier möglichst genau, was du bereits bei deinem ersten „Kurzurlaub" dort entdeckt hast:

Ich sehe … höre … fühle … rieche …

_____

_____

_____

_____

_____

_____

....

....

....

Ergänze deine Eindrücke zu einem späteren Zeitpunkt
gerne immer wieder, wenn du möchtest.

TRICKKISTE

Wenn es dir einfach nicht gelingen will, ein Bild deiner
Wohlfühl-Oase aus dem Nichts zu erschaffen, kannst
du dich auch mit einem „Reiseführer" auf den Weg
machen. Lausche einer geführten Fantasiereise oder
hole dir Inspirationen aus einem Reisekatalog, Foto-
album oder im Internet, indem du z. B. unter dem
Stichwort „Kraftorte" auf Bildersuche gehst. Wähle ein
Bild aus, das dich auf den ersten Blick anspricht. Jetzt
kannst auch du die Augen schließen und genau beobachten, lauschen, spüren, einatmen und genießen.

„Stress-weg-Übungen"

Stress bedeutet für deinen Körper ein ganz schönes
Durcheinander. Dein Gehirn und die Nebenniere pro-
duzieren fleißig Stresshormone, die Leber schüttet

Glukose aus, dein Herzschlag und die Atmung werden angekurbelt und im Gegenzug wird alles, was deinem Körper in diesem Moment unwichtig erscheint (Verdauung, Nieren, usw.), in den Sparmodus gesetzt.

All dies war früher eine natürliche Reaktion des Körpers, um sich durch Kampf oder Flucht aus einer akuten Stresssituation zu befreien. Zwar ist heute nicht mehr der Säbelzahntiger der Stressfaktor, sondern vielleicht ein unauffindbarer Schlüssel, ein anstehendes Bewerbungsgespräch oder ein Streit mit dem Freund oder der Freundin – doch der Körper reagiert wie vor Urzeiten. Sowohl in, als auch nach einer solchen Stresssituation ist es wichtig, den Körper zu „ent-stressen" und ihn wieder ins Gleichgewicht zu bringen.

Achtsames Atmen, wie auf Seite 47 beschrieben, ist die einfachste und schnellste Variante, um das Stresssystem deines Körpers sofort etwas zu besänftigen. Doch es gibt weitere Übungen, mit denen du das bewusste, intensive Atmen kombinieren kannst.

Bei jedem *Atemzug* stehen
wir vor der Wahl,
das Leben zu umarmen
oder auf das Glück zu warten.

Andreas Tenzer

Den Puls spüren

Wusstest du, dass allein dein Puls – also der Rhythmus deines Herzens – ganz viel über deinen momentanen Entspannungs- oder eben Anspannungszustand sagen kann? Und nicht nur das: Du hast sogar die Möglichkeit deinen Puls zu nutzen, um dich innerlich zu beruhigen.

In die Praxis

Du kannst diese Übung im Sitzen, Liegen oder sogar im Stehen ausüben. Lege deine Hände wie beim Beten vor dem Oberkörper zusammen, sodass sich die Finger der linken und der rechten Hand genau gegenüber liegen und sich die Fingerspitzen berühren.

Spüre zunächst, wie sich deine Finger und Hände anfühlen. Sind sie kalt oder warm? Kribbeln sie ein wenig? Jetzt drücke deine Fingerspitzen etwas fester gegeneinander, bis du deinen Puls in den Fingern spürst. Wenn du ihn nicht sofort bemerkst, warte ein bisschen und lass dir Zeit. Atme ganz bewusst tief ein und aus. Konzentriere dich dabei vor allem auf das Ausatmen. Zähle währenddessen deine Pulsschläge und versuche wahrzunehmen, ob dein Herz gerade hastig oder ganz gemächlich schlägt.

Du wirst merken, je länger du diese Übung machst, desto ruhiger wird dein Puls und desto ausgeglichener fühlst du dich.

TRICKKISTE

Auch Kaubewegungen senken dein inneres Stresslevel, da sie das Stresshormon Cortisol in deinem Körper reduzieren. Dies ist einer der Gründe, warum du vielleicht instinktiv auf Essen zurückgreifst, wenn du dich gestresst fühlst. Das kannst du natürlich auch figurfreundlich tun, z. B. durch das Knabbern von Rohkost, knackigen Sprossen oder kernigen Sojaflocken. Sie müssen sorgfältig gekaut werden. Dadurch wird dein Stresssystem beruhigt und du nimmst gleichzeitig wertvolle Nährstoffe auf. Trotzdem solltest du bei vermehrtem Stresshunger zusätzlich die Ursachen für dein Unwohlsein herausfinden und bearbeiten. Kombiniertes Protokollieren von Ernährung und Stimmung kann dir dabei helfen.

Gehirnjogging mit den Fingern

Gehirnjogging hält nicht nur deine grauen Zellen auf Trab, das konzentrierte Durchführen einer kniffeligen Übung kann dir auch dabei helfen, ein anstrengendes Gedankenwirrwarr zu durchbrechen – ganz gleich, ob es durch Druck in der Arbeit, seelischen Stress oder Lampenfieber ausgelöst wurde. Atme durch und gönne dir eine Grübelpause, indem du dein Gehirn mit der folgenden Fingerübung forderst.

In die Praxis

Tippe mit der Spitze des rechten Daumens nacheinander an alle Fingerspitzen der gleichen Hand. Beginne mit dem Zeigefinger und führe die Übung bis zum kleinen Finger fort. Begebe dich anschließend „auf den Rückweg". Mache nun das gleiche mit deiner linken Hand. Jetzt dürfen beide Hände gleichzeitig üben und wieder mit dem Antippen des Zeigefingers starten.

Beim letzten Teil wird es nun kniffelig und du hast bestimmt keine Zeit mehr, um an etwas anderes zu denken: Tippe wie zuvor mit der rechten Hand alle Finger durch und beginne wieder beim Zeigefinger. Mit der linken versuchst du es gleichzeitig in umgekehrter Reihenfolge und startest mit dem kleinen Finger.

Geschafft? Wenn es dir leicht fällt, versuche die Übung einfach eine Stufe schneller, bis all deine Gedanken verstummen und du somit deinem Kopf eine Pause gönnst.

Stress wegklopfen

Vor allem langanhaltender Stress, beispielsweise
durch Überforderung, Ängste, Krankheit oder man-
gelnde (Selbst-)Wertschätzung lassen dich vergessen,
dir selbst etwas Gutes zu tun. Doch gerade dann sind
regelmäßige Atempausen und Entspannungsübun-
gen wichtig, um Körper, Geist und Seele wieder zu
regenerieren.

Du kannst deinem Körper neue Kraft schenken, indem du mittels einer Meridian-Akupressurmassage (EFT-Klopftechnik) Blockaden im Energiefluss deines Körpers auflöst. Das ist kein Hokuspokus, sondern eine mittlerweile weitverbreitete Anti-Stress-Technik. Hast du Lust es auszuprobieren?

In die Praxis

Überlege zunächst, was der Auslöser für deinen momentanen Stress, deinen Ärger, deine Unruhe ist und schimpfe ruhig ein wenig über ihn:

....

....

....

Bewerte deinen daraus resultierenden Stress außerdem auf einer Skala von 0 – 10 (10 ist die Höchststufe):

.... (0 – 10)

Formuliere dann einen Satz, der immer nach dem gleichen Schema aufgebaut ist, ganz gleich, wie dein Problem aussieht: „Auch wenn ich ... (dieses Problem habe), akzeptiere und mag ich mich, so wie ich bin."

Bei einer Trennung könnte dieser Satz zum Beispiel so lauten: „Auch wenn er/sie mich verlassen hat und ich mich einsam fühle, akzeptiere und mag ich mich, so wie ich bin."

Es ist wichtig den Grund genau zu benennen und dir darüber klar zu werden, dass trotz dieser Tatsache alles in Ordnung mit dir ist. Nicht du bist das Problem.

Und jetzt du:

....

....

....

....

....

....

Während du diesen Satz nun dreimal wiederholst, klopfe mit drei Fingern mittig auf den „Karatepunkt" der anderen Hand (die seitliche Verlängerung des kleinen Fingers, zwischen Handgelenk und Ende des kleinen Fingers).

Anschließend klopfst du jeweils fünf- bis zehnmal mit zwei bis drei Fingern sanft auf die folgenden acht Akupressurpunkte der linken und/oder rechten Körperhälfte. Wiederhole währenddessen deinen notierten Eingangssatz:

1. Anfang der Augenbraue (am Nasenbein)
2. Außenseite des Auges (Knochen am äußeren Ende des Auges)
3. Unter dem Auge (Knochen direkt unterhalb des Auges)
4. Unter der Nase (zwischen Nase und Oberlippe)
5. Kinn (Vertiefung direkt unter dem Mund)
6. Inneres Ende des Schlüsselbeins (etwa am Ansatz des Halses)
7. Seitlich unter dem Arm (ca. 10 cm unterhalb der Achsel)
8. Auf der Oberseite des Kopfes (der höchste Punkt des Schädels)

Atme abschließend einmal tief ein und löse beim Ausatmen die komplette Anspannung in deinem Körper.

Nun bewerte deinen Stress nochmal auf deiner Skala von 0 – 10 und erkunde, ob sich etwas verändert hat:

.... (0 – 10)

Du kannst diese Übung ruhig auch einige Male wiederholen, bis du bei deinem gewünschten Ergebnis angekommen bist.

TRICKKISTE

Auch bestimmte ätherische Öle helfen gegen Stress. Sie wirken direkt im limbischen System deines Gehirns, also dort, wo auch deine Gefühle entstehen. Eine besonders beruhigende Wirkung schreibt man Lavendel, Neroli und Sandelholz zu. Gibt man jeweils einen Tropfen davon in eine Duftlampe, entfalten sich die entspannungsfördernden Öle im Raum und du kannst im wahrsten Sinne des Wortes tief durchatmen. Als Kissenspray können sie auch beim Einschlafen helfen und ein aromatischer Lavendelblüten-Aufguss eignet sich bestens als beruhigendes Feierabendgetränk. So wird die Atempause zur Aromapause.

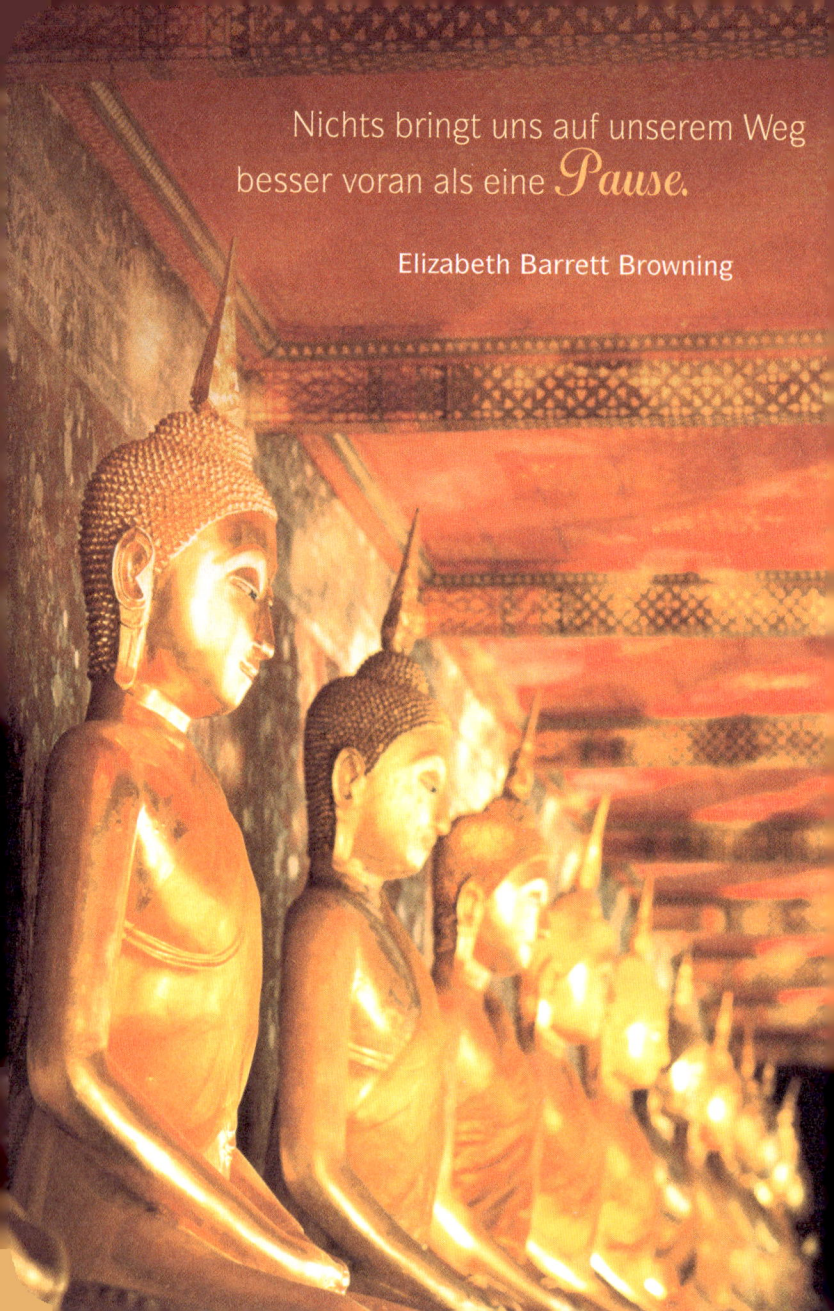

Nichts bringt uns auf unserem Weg
besser voran als eine *Pause.*

Elizabeth Barrett Browning

Mikropausen für die Arbeit

Gerade während der Arbeit ist es wichtig sogenannte Mikropausen einzulegen. Schon ein paar Sekunden können dir helfen, deine Konzentration zu stärken und wieder bewusst im Hier und Jetzt zu sein. Denn es ist niemandem geholfen, wenn du vollständig in deiner Arbeit versinkst und dann vielleicht noch vergisst, ordentlich zu essen und zu trinken.

Kleine Pausen halten dich nicht von der Arbeit ab, sondern bewirken genau das Gegenteil: Sie helfen dir dabei, effektiver zu arbeiten und langfristig leistungsstark zu bleiben. Baue deshalb ab heute immer wieder eine der folgenden Mikropausen in deinen Arbeitsalltag ein:

❋ Schließe deine Augen und verdunkle sie zusätzlich mit deinen Händen. Sind deine Hände kalt, reibe sie vorher fünf Sekunden aneinander, um sie aufzuwärmen. Atme nun zehnmal tief in deinen Bauch ein. Lass dir beim Ausatmen viel Zeit. Nimm dann die Hände langsam vom Gesicht.

❋ Massiere deinen Kopf, indem du dir mit allen zehn Fingern in sanften, kreisenden Bewegungen durch die Haare fährst.

- Mache zehn Liegestützen gegen die Wand und warte kurz, bevor du dies noch einmal wiederholst. Schüttle dann kräftig deine Arme und Hände aus.

- Stell dich vor das geöffnete Fenster, fokussiere einen Punkt in der Ferne und nimm alle Geräusche deiner Umgebung achtsam wahr. Konzentriere dich auf die verschiedenen Töne und Lautstärken ohne sie zu bewerten.

- Strecke dich im Stehen oder Sitzen genüsslich. Kreise nacheinander mit deinen Füßen, Schultern und Händen und genieße deine Beweglichkeit.

- Lege alles aus der Hand, lehne dich in deinem Stuhl zurück und trinke etwas Wasser. Stell dir bei jedem Schluck vor, wie das Wasser deine Speiseröhre hinunterläuft und dich von innen belebt.

- Gehe achtsam zu einem Waschbecken und spüre bei jedem Schritt, wie du deine Fußsohle abrollst. Wasche dir dort deine Hände und erfrische auch dein Gesicht mit kühlem Wasser.

- Lehne deinen Kopf an der Stuhllehne oder einer Wand an und massiere mit der rechten Hand deinen linken Nacken, danach umgekehrt. Schließe dabei die Augen und atme ganz bewusst.

- Lege zwei unterschiedliche Kugelschreiber vor dich auf den Tisch und betrachte sie ganz genau. Was haben sie gemeinsam, wo unterscheiden sie sich? Überprüfe alle Details und vergleiche die beiden Stifte in Gedanken.

- Lächle, wenn du eine Aufgabe erledigt hast, und genieße diese Zufriedenheit für zwei Minuten, bevor du dich der nächsten Aufgabe widmest.

Versuche, alle Mikropausen zumindest einmal auszuprobieren. Kreuze an, welche du bereits gemacht hast und notiere, was du davon künftig regelmäßig in deinen Arbeitsalltag einbauen möchtest:

....

....

....

....

TRICKKISTE

Wenn du an einem Computer arbeitest, stelle dir einen motivierenden Bildschirmschoner ein. Lass dich von lustigen Bildern, optimistischen Weisheiten oder beruhigende Naturbildern an deine Atempausen erinnern.

Ein Tag mit dir allein

Achtsamkeitsübungen und die beschriebenen Mikropausen sind ein guter Weg, um dich bereits im Alltag
zu regenerieren, ohne erst auf die große Erholung am
Wochenende oder den nächsten Jahresurlaub warten
zu müssen. Sie schenken dir die Möglichkeit, dich
schon durch wenige bewusste Minuten wertzuschätzen
und dich von Stress und Arbeit zu erholen.

Wenn du einmal auf den Geschmack gekommen bist,
wirst du dir hoffentlich immer öfter solche Atempausen
gönnen, um langfristig zufrieden und ausgeglichen zu
sein und vor allem auch zu bleiben.

Neben vielen kurzen Pausen kannst du Körper, Geist
und Seele jedoch auch ab und zu auf eine Ganztages-
kur schicken: Ein ganzer Tag voller erholsamer Momente nur für dich. Wie hört sich das an?

Oft sind es gut genutzte *Mußestunden,*
in welchen der Mensch das Tor
zu einer neuen Welt findet.

George M. Adams

Ein Tag voll Müßiggang, ohne Pflichten und Zeitdruck, einfach dem Nachgehen, wonach dir gerade ist. Klingt leichter als es ist, denn vieles im Leben zwingt uns dazu, die Uhr im Auge zu behalten – Termine, Fahrpläne, Öffnungs-, Arbeits- und Pausenzeiten. Umso wichtiger ist es, Zeit einzuplanen, in der du nicht auf die Uhr schauen musst. Wie wäre es mit einem Tag, an dem du ganz nach deinem Rhythmus, komplett einfach nur nach Lust und Laune auf deine Bedürfnisse hören kannst?

Nimm dir die Natur zum Vorbild – hast du schon mal eine Tanne, eine Rose oder einen Kuckuck mit Armbanduhr gesehen? Mach es ihnen gleich und werde eins mit Raum und Zeit. Lass dich einfach treiben und schenke dir dieses unglaubliche Gefühl der Selbstbestimmung.

Gib dir die Möglichkeit zu erfahren, was dir heute Freude bringen würde und tappe nicht in die Fallen der modernen Zeit: Fernseher, Mobiltelefon, Computer und sonstige technische Ablenkungen bleiben an diesem Tag einfach mal aus – sie berieseln dich allzu sehr mit manipulativen Sinneseindrücken, überflüssigen Informationen oder gar Stress auslösenden Nachrichten. An diesem Tag geht es nicht um die Neuigkeiten deiner Freunde und der Welt, stattdessen dreht sich die

Welt heute um dich und deine Bedürfnisse. Vielleicht möchtest du kreativ sein, ein Buch lesen, raus in den Park gehen und dich an dem fröhlichen Spiel der Kinder erfreuen? Oder du erlaubst dir, einfach nur dazusitzen, dich und den Moment wahrzunehmen. Du darfst das! Du darfst dir Zeit nehmen, um nichts zu tun. Denn wer sagt eigentlich, dass du immer etwas erledigen musst?

Ist da vielleicht wieder die kleine Stimme in deinem Kopf, die dir weismachen möchte, dass du immer 150 Prozent geben musst? Dass du auch am Wochenende noch Überstunden schieben solltest, um einen guten Eindruck beim Chef zu hinterlassen?

Stopp! Wer hier spricht, bist nicht du, sondern es sind deine Erfahrungen aus der Vergangenheit oder deine innere Angst, nicht anerkannt zu werden, etwas falsch zu machen, zu versagen. Doch sieh es einmal so: Auch ein Auto muss regelmäßig zur Hauptuntersuchung, gewartet, gepflegt und betankt werden. Sonst bleibt es irgendwann einfach stehen! Da bringt es auch nichts, das rote Warnlämpchen der Tankanzeige einfach mit dem Finger zuzuhalten. Der Tank wird erst wieder voll sein, wenn du dir die Zeit nimmst, an die Tankstelle zu fahren. Das gilt auch für dich: Auftanken ist wichtig.

Wenn man die *Ruhe* nicht in sich selbst findet,
ist es umsonst, sie anderswo zu suchen.

François de La Rochefoucauld

Wenn dir bestimmte äußere Bedingungen nicht erlauben, einen kompletten Tag „zeitlos glücklich" zu verbringen, freue dich einfach über kleine Errungenschaften. Schlafe beispielsweise mal wieder aus ohne den Wecker zu stellen oder wähle gezielt einen Zeitraum von einigen Stunden aus, in denen du unabhängig von Minuten und Stunden sein möchtest. Stelle dir dafür in zwei bis drei Stunden einen Wecker und versuche, bis dahin kein einziges Mal auf die Uhr zu sehen.

Nachgefragt

Anfangs kann es schwer sein, ganz ohne Planung in einen solchen „Tag mit dir selbst" zu starten. Überlege dir deshalb jetzt, wie dein optimaler Tag aussehen könnte, wenn du die freie Wahl hättest. Was würdest du tun? Was schenkt dir Freude? Was gibt dir Kraft? Gab es früher schon einmal einen solchen Tag?

Was hindert dich bisher daran, deinen perfekten Tag wahr werden zu lassen? Schreib auf, ob dich innerlich etwas blockiert, oder welche äußeren Bedingungen dich davon abhalten?

....

....

....

....

....

Welche konkreten Maßnahmen wären nötig, damit du dir diesen Freiraum dennoch nehmen kannst (z. B. Kinderbetreuung, Urlaubsantrag, etc.)?

....

....

....

....

....

Gibt es einen Menschen, der dich bei deinem Projekt „Mein perfekter Tag" unterstützen könnte? Jemand, der genau weiß, wie man sich selbst wertschätzt und verwöhnt? Wer könnte dieses „Vorbild" sein?

....

Überlege nun, wie dir dieser wertvolle Mensch bei der Umsetzung behilflich sein könnte:

....

....

....

....

....

....

....

....

....

Und jetzt das Wichtigste: Wann gönnst du dir deinen perfekten Tag?

Datum: ....

Ziehe an deinem ausgewählten Datum gleich einen dicken Strich in deinem Kalender. Hier ist kein Platz für Termine, sondern nur für dich!

TRICKKISTE

Manchmal ist es schwer, alle Wünsche auch wirklich umzusetzen. Doch verwirf deine Ideen nicht gleich wieder, sondern überlege, wie du deinem Ziel ein gutes Stück näher kommen kannst, auch wenn du es nicht zu 100 Prozent erreichst. Sei dir sicher, auch 80 Prozent fühlen sich schon unheimlich gut an! Vielleicht musst du nur ein wenig um die Ecke denken: Statt eines teuren Schönheitstags im Luxushotel, kannst du dein eigenes Bad in einen Wohlfühltempel verwandeln, dir selbst eine frische Obstplatte kredenzen und deinen Körper mit Peelings, Pflegemasken und duftenden Aromaölen verwöhnen. Statt eines Tags am Meer, kannst du dich auch an einem nahegelegenen See oder Fluss von der Kraft des Wassers ausgleichen lassen. Du hast sicher noch viele andere Ideen, wenn du nur das Fenster deiner Ideen ganz weit öffnest.

In jeder Minute, die man
mit Ärger verbringt,
versäumt man sechzig
glückliche Sekunden seines Lebens.

Marc Aurel

Rituale

Die Macht der Gewohnheit

Schon in den ersten Jahren deines Lebens wirst du stark von deinem Umfeld geprägt. Was ist richtig, was ist falsch?

All die Prägungen deiner Eltern, Großeltern, Geschwister oder Freunde bewirken, dass du dich später vielleicht sehr ähnlich verhältst oder auch genau den gegenteiligen Weg einschlägst. Ohne, dass du dir dessen überhaupt bewusst bist, hast du bereits in der Kindheit Gewohnheiten ausgebildet. Einige davon können sehr nützlich sein, manchmal hindern sie dich jedoch auch daran, dich bewusst und selbstbestimmt für oder gegen etwas zu entscheiden. Stattdessen läuft eine Handlung oft wie von ganz allein ab.

Wäre es nicht wunderbar, wenn du irgendwann ebenso automatisch auf deine Atempausen achten würdest? Das kannst du schaffen! Beginne einfach heute mit deinem ganz persönlichen Entspannungsritual und lasse auch dies zu deiner Gewohnheit werden.

Dankbarkeitsritual

Die einen sammeln Rezepte, die anderen Bücher und wieder andere vielleicht Fußballtrikots. Doch warum? Weil es ein Gefühl von Zufriedenheit und Erfolg über das Gesammelte schenkt.

Warum also nicht einfach mal „Momente der Dankbarkeit" sammeln und zum Beispiel in einem persönlichen Glückstagebuch aufbewahren?

Es ist wissenschaftlich bewiesen, dass das Hervorrufen von positiven Emotionen vor dem Schlafengehen eine erholsamere Nacht beschert. Deshalb eignen sich die Abendstunden besonders gut dafür, noch einmal die Geschehnisse des vergangenen Tages und dessen freudige Momente Revue passieren zu lassen.

Mache es dir zur Gewohnheit, dir vor dem Einschlafen noch fünf bis zehn Minuten Zeit für dich zu nehmen. Knipse die Nachttischlampe an, setze dich bequem auf dein Bett und nimm für den Anfang dieses Buch zur Hand. Wenn dir dieses Gute-Nacht-Ritual gefällt, besorge dir am besten ein zusätzliches Glückstagebuch dafür.

Überlege dir nun, für was du heute dankbar bist. Welche Erfolge konntest du feiern? Was ist dir heute gut gelungen? Was hat dich zufrieden gemacht oder dir ein Glücksgefühl geschenkt? Ein leckeres Abendessen, ein Regenbogen, eine erledigte Aufgabe, ein gutes Gespräch mit deinem Kollegen oder ein fertiggestelltes Handwerk?

Notiere alles, was dir in den Sinn kommt. Beginne immer mit „Ich bin dankbar, dass ich heute …". Lass deine Liste jeden Abend um mindestens einen Punkt anwachsen, denn auch für Alltägliches kannst du Dankbarkeit empfinden. Lass sie zu und erinnere dich, wie du dich in diesem Moment gefühlt hast. Mit solch wohligen Gefühlen im Bauch schlummert es sich doch gut in den Schlaf, glaubst du nicht auch?

Ich bin dankbar, dass ich heute

....

....

....

....

TRICKKISTE

Du kannst auch deinen Mitmenschen helfen, ihre Gedanken auf das Positive im Leben zu richten und sich damit eine Pause vom Alltagstrott zu gönnen.

Benennt beispielsweise im Kollegenkreis bei der Arbeit oder bei einem gemeinsamen Ausflug abwechselnd zu jeder vollen Stunde etwas, für das ihr dankbar seid. Erinnert euch gegenseitig daran. Natürlich könnt ihr auch andere Spielregeln einführen, wie zum Beispiel: „Jedes Genörgel wird mit mindestens einem Dankbarkeitssatz ausgeglichen."

Nachgefragt

Gibt es ein Ereignis in deinem Leben, für das du ganz besonders dankbar bist?

....

....

....

....

....

....

Erlebe diesen dankbaren Moment in Gedanken noch einmal ganz genau: Was hast du damals gesehen? Wie war das Wetter? Welcher Duft lag in der Luft? Was konntest du hören? Welche Details fallen dir noch ein?

....

....

....

....

....

....

....

Spüre die Dankbarkeit für dieses Ereignis nun noch mal in deinem ganzen Körper. Wie fühlt sich dieses Glücksgefühl genau an? Wo spürst du die Freude in dir? Schließe jetzt einfach deine Augen und genieße … Du kannst dir dieses wunderbare Gefühl immer wieder ins Gedächtnis rufen und es auf diese Weise noch viele Male erleben.

Für dankbare Menschen
macht das *Glück* gerne Überstunden.

Ernst Ferstl

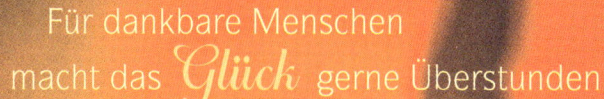

Feierabendritual I

Wie lange brauchst du nach deiner Arbeit, um auch gedanklich wirklich Feierabend zu haben? Grübelst du zu Hause oft noch über eine misslungene Aufgabe oder ein schwieriges Telefonat? Fragst du dich, ob du heute alles richtig gemacht hast oder fürchtest dich schon vor dem nächsten Arbeitstag?

Du hast jetzt frei! Also befreie auch deinen Kopf von den Geschehnissen und Pflichten des Tages. Es gibt die verschiedensten Feierabendrituale, mit denen du zur Ruhe kommen und dich für den morgigen Tag stärken kannst. Es ist wichtig, dass du etwas findest, das zu dir passt, das dir Freude schenkt, etwas das sich für dich gut anfühlt.

Bist du beispielsweise ein/e echte/r Teeliebhaber/in, könnte dein Feierabendritual so aussehen: Bereite dir eine Tasse Tee zu, zieh dir etwas Bequemes an und setze dich an den gemütlichsten Ort in deinem Zuhause. Trinke nun genüsslich deinen Tee, spüre die warme Tasse in deinen Händen, atme den aromatischen Duft tief ein und fühle wie der Tee dich von innen wärmt. Genieße diesen Moment ganz bewusst und mit all deinen Sinnen.

TRICKKISTE

In Deutschland sehen die Menschen jeden Tag durchschnittlich mehr als 3,5 Stunden fern. Wie ist das bei dir? Bist du dir über die Intensität deines Fernsehverhaltens bewusst? Falls du deine Abende häufig vor dem Fernseher verbringst, solltest du ein Experiment wagen:

Wähle die nächsten zwei Wochen ganz gezielt aus, was du dir ansiehst und vermeide jegliche Sendungen, die sich um Gewalt, Aggressivität, Skandale, Streitereien und dergleichen drehen. Da fällt so einiges aus dem Programm, das künftig dein Stresssystem nicht mehr zusätzlich belastet. Vielleicht bist du der Meinung, dass du sehr wohl zwischen Fiktion und Realität unterscheiden kannst und dir somit zum Beispiel gewaltreiche Filmszenen nichts anhaben können. Doch dein Unterbewusstsein kann dies leider nicht. Beim Zuschauen werden im Gehirn fast identische Hirnareale aktiviert, wie wenn du dich selbst in dieser Gefahrensituation befinden würdest. Das bedeutet für deinen Körper Stress pur und stellt daher das genaue Gegenteil einer Atempause dar. Es ist also eine Überlegung wert, welche Sendungen dir auch in der Realität ein gutes Gefühl schenken würden.

Feierabendritual II

Wenn du das Gefühl hast, dass du zu aufgedreht bist, um dich mit einem leckeren Getränk auf das Sofa zu kuscheln, probiere es einfach mit einem anderen Feierabendritual.

Lege deine Lieblingsmusik auf und tanze dir ungehemmt all deine Sorgen von der Seele. Wenn die Kinder oder der Partner schon zu Hause warten, kein Problem! Tanzt gemeinsam und spürt die Unbeschwertheit des Moments. Jetzt zählen nur die Musik und dieser Augenblick!

Notiere dir hier deine fünf Lieblingslieder – deine persönliche „Gute-Laune-Hitliste":

....

....

....

....

....

....

Feierabendritual III

Es kann sein, dass zu Hause schon die nächsten Verpflichtungen warten und du dadurch dein geplantes Feierabendritual vergisst. Dann nutze bereits deinen Heimweg und lege einen Zwischenstopp auf einer einladenden Parkbank ein. Finde eine Möglichkeit, wie du diesen alltäglichen Weg für dich und deine Bedürfnisse nutzen kannst.

Vielleicht steigst du auch einfach eine Haltestelle früher aus und ergreifst die Chance, nicht nur deinem Geist, sondern auch deinem Körper eine Wohltat zu gönnen. Denn körperliche Aktivität steigert die Sauerstoffzufuhr im Gehirn und bringt deine müden Knochen in Schwung. Englische Forscher haben herausgefunden, dass bereits die ersten fünf Minuten in der Natur einen positiven Einfluss auf Stimmung und Selbstwertgefühl haben. Also raus ins Grüne!

Überlege dir, wie du auf dem Heimweg körperlich aktiv werden oder anderweitig entspannen könntest:

Wie? ....

Wo? ....

Wann? ....

....

....

....

....

....

....

Sei auch wirklich bereit für dein Vorhaben, indem du beispielsweise bequeme Schuhe anziehst oder zum Wechseln mitnimmst.

Das kannst du für dein Ritual vorbereiten:

....

....

....

....

....

....

....

Glaubenssätze

Schon zu Beginn des Kapitels hast du erfahren, welch große Rolle die Einflüsse aus der Vergangenheit und die Prägungen deiner Mitmenschen auf dein momentanes Wohlbefinden haben. Du hast nicht nur Gewohnheiten, sondern auch Lebensregeln geformt, die dich auf deinem Weg und beim Erreichen deiner Ziele unterstützen oder blockieren können. Letztere kannst du durch neue, positive Glaubenssätze ersetzen, indem du eine bestimmte Aussage so oft es geht wiederholst.

Mit der Zeit wirst du tatsächlich danach handeln, denn dein Gehirn lernt, die Geschehnisse des Tages anders zu filtern und lässt so deine Aussage zur gefühlten Realität werden. Einem Menschen, der sich immer wieder sagt, er sei ein Glückskind, fallen vor allem die Glücksmomente auf, Negatives wird eher herausgefiltert und seltener bewusst wahrgenommen. Keine Zauberei also, sondern eine spannende Wissenschaft für sich!

Die *glücklichsten* Leute
haben nicht unbedingt immer das Beste
von allem; sie machen nur
aus allem das Beste.

unbekannt

In die Praxis

Überlege zunächst, ob es Glaubenssätze gibt, die dich daran hindern, dir mehr Zeit zum Durchatmen zu gönnen. Schreibe einfach drauflos, was du über Entspannung und Ruhepausen im Allgemeinen denkst und was dich daran hindert. Zum Beispiel. „Ich habe keine Zeit dafür, sonst werde ich ja nie fertig mit meinen Aufgaben."

....

....

....

....

....

....

....

....

Nun betrachte deine niedergeschriebenen Gedanken. Gibt es dort Annahmen und Meinungen, die dir einen Grund dafür geben, warum mehr Zeit für dich selbst nicht möglich sein soll?

Frage dich, ob du dies so akzeptieren möchtest.

O Ja   O Nein

Wenn deine Antwort „Nein" lautet, was möchtest du
stattdessen? Nimm diesen bisher hinderlichen Glaubenssatz und verändere ihn zum Positiven:
(z. B. „Wenn ich mir täglich Ruhepausen gönne, habe
ich genügend Energie für meine Aufgaben." oder
„Ich habe mir meine täglichen Atempausen mehr als
verdient!")

....

....

....

....

....

Fühlt es sich gut an, diese Aussage zu lesen? Oder
sträubt sich etwas in dir gegen diese neue Sicht-
weise? Falls es so ist, hinterfrage dich selbst, ob der
alte, negative Glaubenssatz vielleicht auch irgendwel-
che vermeintlichen Vorteile für dich hatte, z. B. „Wenn

ich ständig Vollgas gebe, hab ich wenigstens keine Zeit, über meine Probleme nachzudenken." oder „Ich weiß eh nicht, was mir Freude bereiten würde." Spüre auf, was dich daran hindert, die Veränderung anzunehmen und formuliere deinen neuen Glaubenssatz eventuell etwas anders – solange bis er sich für dich gut anfühlt:

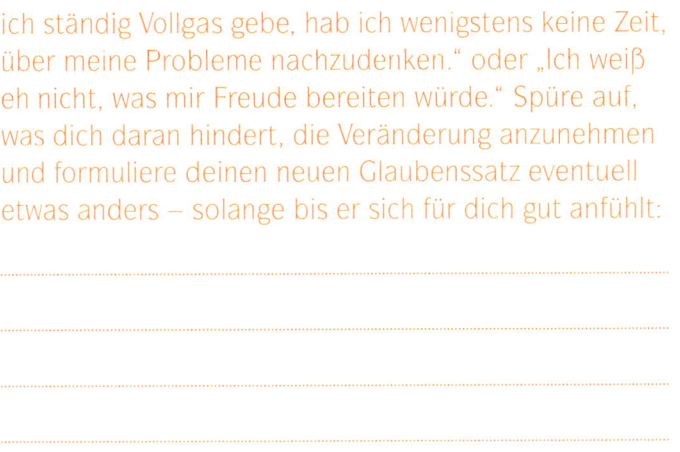

....

....

....

Jetzt kommt das Beste: Streiche nun all deine Gedanken auf der vorletzten Seite, die dich bisher von deinen Atempausen abgehalten haben, dick und fett durch.

Deinen neuen Glaubenssatz kannst du beispielsweise auch auf ein Stückchen Papier schreiben und dir in den Geldbeutel stecken – so wirst du immer wieder daran erinnert. Wiederhole diesen Satz mindestens dreimal täglich und lasse ihn somit zum Teil deines künftigen Glücksrituals werden. Den größten Effekt erzielst du, wenn du dabei auch in dich hineinspürst: Wie fühlt es sich an, wenn dieser Glaubenssatz schließlich Realität wird?

Es ist Zeit, etwas *Neues*
zu beginnen und dem Zauber
des Anfangs zu vertrauen.

Meister Eckhart

TRICKKISTE

Verwende deinen neuen Glaubenssatz doch einfach als Hintergrund auf deinem Computerbildschirm oder stelle in deinem Handy eine regelmäßige Erinnerungsfunktion mit diesem Motivationssatz ein. So kannst du die modernen Beschleuniger zur Abwechslung mal zum Entschleunigen gebrauchen. Mache es am besten gleich jetzt.

Nachgefragt

Auf welches Ritual ist deine Wahl gefallen? Das Dankbarkeitsritual, ein Feierabendritual, das Eintrainieren eines neuen Glaubenssatzes? Oder hast du vielleicht noch eine völlig andere Idee, z. B. täglich fünf Minuten Morgengymnastik?

Welcher Entspannungsgewohnheit gibst du ab heute die Chance zum festen Bestandteil deines Alltags zu werden?

Wir können den *Wind* nicht ändern,
aber wir können die Segel anders setzen.

Aristoteles

Zeit und Raum für Atempausen schaffen

Damit sich neue Gewohnheiten wie ein Feierabend-ritual oder das tägliche Wiederholen optimistischer Lebensregeln festigen, helfen regelmäßiges Training und ein Umfeld, das dich bei deinem Ziel unterstützt.

Das können Menschen sein, die dich an deine Atem-pausen erinnern. Auch dein Zuhause oder andere Orte, wo du täglich viele Stunden verbringst, können diese Rolle übernehmen.

Denn es heißt nicht nur „aus den Augen, aus dem Sinn", sondern auch „in den Augen, in den Sinn".

Wer oder was könnte dich also daheim oder an deinem Arbeitsplatz daran erinnern, regelmäßig eine Pause einzulegen, langsamer zu machen, Kraft zu tanken? Hast du spontan eine Idee?

Wohlfühlecke

Gibt es in deinem Zuhause bereits einen Ort, an dem du dich so richtig wohlfühlst? Einen Raum oder eine Ecke, die dir sofort ein beruhigendes Gefühl schenkt, wenn du eintrittst? Sorge dafür, dass du solch eine Oase in deinen vier Wänden hast. Manchmal genügen schon ein gemütlicher Sessel mit einem weichen Kissen und ein kleiner Beistelltisch mit einer Duftöllampe darauf, um sich einen passenden Rückzugsort zu gestalten.

Wenn du ein bestimmtes Zimmer, beispielsweise das Schlafzimmer, als Ruhepol deines Zuhauses definieren möchtest, achte darauf, dass sich dort keine Gegenstände befinden, die dich an Pflichten oder Arbeit erinnern. Der Staubsauger, das Bügelbrett oder der Computer haben dort Hausverbot. Stattdessen findest du dort deine Lieblingsbücher, Fotos von erholsamen Momenten, warmes Licht – eben einladende Gemütlichkeit.

Wo ist deine Wohlfühlecke? Oder wo könnte sie sein?

....

....

Welche Veränderungen sind nötig, damit du dich dort rundum wohlfühlst?

....

....

....

Stoppschilder

Auch Stoppschilder können behilflich sein, um dich an dein Vorhaben „Mehr Atempausen" zu erinnern. Schneide aus dünnem, farbigen Karton kleine Schilder aus oder lege dir passende Postkarten bereit. Schreibe dort motivierende Worte auf wie „Zeit für eine Pause", „Ich bin wertvoll" oder „Atmen und genießen".

Wo könntest du diese Stoppschilder nun geschickt platzieren? In deinem Geldbeutel oder Terminkalender? Auf deinem Beifahrersitz? An deinem Arbeitsplatz?

....

....

....

Verabredungen nutzen

Wie oft sitzt du in einem belebten Café, plauderst mit deinem Gegenüber und die Zeit verfliegt. Am Ende eures Treffens trittst du müde den Heimweg an und bemerkst, dass wieder ein Tag vorüber ist, an dem du nicht das getan hast, was dir auch körperlich neue Kraft geschenkt hätte. Entgegen deiner guten Vorsätze hast du dir vielleicht wieder einmal keine frische Luft und Zeit in der Natur gegönnt oder warst körperlich kaum aktiv.

Das Schöne ist, du musst dich gar nicht zwischen einem spannenden Plausch und einer Atempause an der frischen Luft entscheiden. Du kannst beides haben – gleichzeitig! Bevor du einem nächsten Treffen zusagst, frage dich, wozu du selber eigentlich Lust hättest? Ein gemeinsamer Spaziergang im Wald, ein Picknick am See oder ein Ausflug in die Berge?

Steh zu deinen Bedürfnissen und verabrede dich nächstes Mal nicht in irgendeinem Café oder Restaurant um die Ecke, nur weil es so praktisch ist oder ihr das eben immer so macht.

Tausend *Türen*
hat das Leben –
du musst sie nur öffnen
und hindurchgehen.

Paul Hufnagel

Es ist Zeit für Veränderung, es ist Zeit für eine gemeinsame Atempause, die dir am Ende des Tages ein richtig gutes Gefühl schenkt!

Nachgefragt

An welchen Orten, würdest du dich künftig gerne verabreden, um was zu tun und mit wem?

Wo?

....

....

Was?

....

....

Mit wem?

....

....

Verbringe jeden Tag
einige Zeit mit dir *selbst.*

Chinesische Weisheit

Prioritäten setzen

Für viele ist Nein-Sagen eine große Herausforderung.
Doch du kannst es lernen und dir mithilfe einer Priori-
tätenliste bereits im Vorfeld bewusst darüber werden,
was du eigentlich willst und was nicht.

Oft ist es nicht nur ein Hamsterrad aus beruflichen
oder häuslichen Pflichten, auch Freizeitstress kann
dich ganz schön auf Trab halten. Doch bis wohin ist
es eine angenehme und bereichernde Freizeitaktivität
und ab wann empfindest du eher Stress dabei?

Nachgefragt

Halte auf der nächsten Seite deine Freizeitaktivitäten
fest, die du innerhalb der letzten vier Wochen unternommen hast. Vielleicht hilft es dir, wenn du dazu
einen Blick in deinen Terminkalender wirfst. Dann
markiere die Vergnügungen, die du auf keinen Fall
missen möchtest.
Ergänze deine Liste noch um Punkte, die dir zwar
Freude und neue Kraft schenken würden, die aber in
den letzten vier Wochen zu kurz gekommen sind.

Deine Freizeitaktivitäten der letzten vier Wochen:

....

....

....

....

....

....

Das hast du nicht unternommen, obwohl es dir gut tun würde:

....

....

....

....

....

....

....

Achte in den folgenden vier Wochen darauf, den dir wichtigen Aktivitäten genügend Zeit und Raum zu lassen. Vermeide es, dir deine kostbaren freien Stunden und Minuten von eigentlich unliebsamen Zeitfressern klauen zu lassen.

Zeit- und Energieräuber entlarven

Nicht nur Freizeitstress oder unliebsame Aktivitäten können dich wertvolle Zeit und Kraft kosten. Auch in deinem Freundes- und Bekanntenkreis solltest du ab und zu genauer hinsehen: Welche Menschen geben dir die Möglichkeit, du selbst zu sein? Mit wem kannst du vielleicht sogar gemeinsame Atempausen einlegen? Wer kostet dich eher Kraft und Zeit?

Natürlich geht es in einer Freundschaft auch darum, in schlechten Zeiten füreinander da zu sein, doch wem kannst du helfen, wenn irgendwann keine Kraft mehr zum Weitergeben übrig ist?

Du kannst aufmerksamkeitsbedürftigen Mitmenschen auch Trost oder Verständnis schenken, ohne dabei selbst zu kurz zu kommen. Beschränke deine Zeit mit ihnen einfach auf ein bestimmtes Maß. Manchmal musst du auch akzeptieren, dass du den Bedürfnissen bestimmter Menschen nie gerecht werden kannst – ganz gleich, wie viel Zeit du ihnen schenkst.

Bei diesen Menschen gebe ich acht, dass sie mir künftig weniger Zeit oder Energie rauben:

....

....

....

....

....

Mit diesen Menschen möchte ich gern mehr gemeinsame Zeit verbringen – denn das tut mir selbst gut:

....

....

....

....

....

....

Umgang mit Stolpersteinen

Die größten Hindernisse für mehr Atempausen im Alltag sind ohne Zweifel falsch gesetzte Prioritäten und der dadurch entstehende Eindruck, nicht genügend Zeit für ausreichend Entspannungsphasen zu haben. Doch auch Antriebslosigkeit, der kleine Saboteur in deinem Kopf oder äußere Umstände, wie der plötzlich startende Rasenmäher des Nachbarn, können dir bei deinen so wichtigen Atempausen unvorhergesehen im Weg stehen.

Sie sind wie ein kleiner Kieselstein im Schuh, während du fröhlich dahin spazierst. Du bemerkst, dass dich etwas stört, doch meist setzt du beharrlich deinen Weg fort und versuchst den Druck an deinem Fuß einfach zu ignorieren, statt eine kurze Pause einzulegen und nachzusehen, was da drückt. Mal ehrlich, läuft es sich nicht angenehmer, wenn du dir kurz Zeit nimmst, das Steinchen zu entfernen? Der Schmerz ließe nach und du könntest deine Aufmerksamkeit wieder den schönen Dingen am Wegesrand widmen. Möchtest du das? Dann werde aktiv und beseitige dieses störende, kleine Steinchen in deinem eigentlich doch so bequemen Schuh – den Störfaktor, der dich davon abhält, deine Atempause auch wirklich voll und ganz zu genießen.

Nachgefragt

Was ist dein persönlicher, größter Stolperstein? Warum fällt es dir manchmal schwer abzuschalten, aufzutanken und durchzuatmen, obwohl du eigentlich Zeit dafür hättest?

Störende Gedanken

Stell dir vor, du sitzt in einem wunderbaren Konzert. Du lauschst der Musik und möchtest diesen Moment so richtig genießen, doch du schaffst es nicht, weil du innerlich unruhig bist. Du ärgerst dich über dich selbst und schwankst zwischen belastendem Grübeln über eine aktuelle Lebenssituation und kränkenden Selbstvorwürfen hin und her: „Warum kann ich nicht mal jetzt abschalten? Ich habe mich doch schon so lange darauf gefreut. Ich vermassle mir mal wieder alles selbst! Aber eigentlich ist dies oder jenes ja schuld ... Wenn ich dieses Problem nicht hätte, könnte ich jetzt bestimmt auch entspannen." Kennst du das?

Du hast in den vorigen Kapiteln bereits einige Ideen bekommen, wie du mittels Achtsamkeitsübungen und Mikropausen deine Aufmerksamkeit weg von kraftkostenden Gedanken hin zum gegenwärtigen Moment lenken kannst.

Doch damit du diese Plagegeister nicht immer nur zeitweise zur Seite schiebst, sondern dich wirklich von ihnen befreist, bedarf es einer ersten, wichtigen Tat: zulassen.

Nimm einen kräftigen Atemzug und lass deinen Ärger zu. Schieb ihn nicht weg, weil du eigentlich keine Lust darauf hast – davon nährt sich dein Ärger und wird größer.

Diesmal machst du es genau umgekehrt. Du heißt deine negativen Gedanken willkommen, du lässt sie zu und spürst, welche Gefühle sie in dir auslösen, anstatt sie zu verdrängen. All das darf da sein.

Hast du auch in diesem Moment störende Gedanken oder Gefühle? Falls ja, nimm sie jetzt wahr und schreibe sie hier auf:

....

....

....

....

....

Erkenne diese Störenfriede als bedeutsame Signale an, die dir aufzeigen, dass hier gerade etwas schief läuft oder dir etwas Kraft raubt ...

Sobald du dies bemerkst, hast du drei Möglichkeiten, dein Unwohlsein zu beenden:

1. Verändere selbst deine Situation zum Positiven.

2. Akzeptiere die Situation voll und ganz, so wie sie ist.

3. Lasse den Auslöser hinter dir und schlage einen komplett neuen Weg ein.

Wenn du dich in einer Situation befindest, die belastende Gefühle und Gedanken in dir hervorruft, und du verharrst darin, dann kostet dich das nur wertvolle Energie. Es stellt das genaue Gegenteil einer Atempause dar.

Wenn diese Gefühle und Gedanken jedoch mit einer Situation zu tun haben, die du nicht sofort verändern, akzeptieren oder verlassen kannst, dann gehe wie folgt vor:

1. Lass deine Gedanken und die dazugehörigen Gefühle zu und ärgere dich nicht über sie.

2. Wenn sie sich dadurch nicht komplett auflösen, rufe innerlich „Stopp!". Wenn es dir möglich ist, stampfe fest mit dem Fuß auf den Boden.

3. Nun gib ihnen einen Termin, zu dem sie wiederkommen dürfen. Überlege dir, wann du dich mit dem Auslöser dieser Gedanken auseinandersetzen kannst. Verabrede dich zu einem „Grübeldate", denn es ist wichtig zuzuhören, was dir diese Signale sagen wollen, aber eben nicht jetzt! Jetzt genießt du deine Atempause, dein Konzert, deinen Kinofilm, deinen Schlaf, deinen Malkurs …

4. Gehe deinen störenden Gedanken an deinem „Grübeldate" dann gezielt auf den Grund. Nimm dir wirklich ausreichend Zeit dafür – sie ist gut investiert, denn nur so kannst du verhindern, dass die schlechten Gedanken und Gefühle ständig wiederkehren. Wenn du dir sehr schwer tust, das ursächliche Problem anzunehmen, zu verändern oder hinter dir zu lassen, hole dir zusätzliche Unterstützung von Experten (z. B. psychologische Beratung, Kurse oder Coaching-Bücher).

Antriebslosigkeit

„Der innere Schweinehund ist einfach viel zu groß …
Warum soll ich mich dazu zwingen? Ich weiß ja, dass
es mir eigentlich gut tun würde, aber es macht mir
eben keinen Spaß!"

Welche Motivation steckt hinter dieser Aussage?
Möchtest du langfristig gesund und ausgeglichen
sein? Vital und leistungsfähig? Erfüllt es dich, voran-
zukommen?

Wenn dein innerer Zweifler dich mal wieder vorlaut
von deinen Atempausen abhalten möchte, dann
mach dir stets zwei Dinge bewusst:

1. Du brauchst überhaupt keinen großen Aufwand zu
   betreiben, um dir etwas Gutes zu tun. Die letzten
   Kapitel haben dir zahlreiche Wege aufgezeigt, wie
   du innerhalb von wenigen Minuten, oder gar
   Sekunden, dein Wohlbefinden fördern kannst.
   Sogar, wie du während alltäglicher Aktivitäten
   achtsam den Moment wahrnehmen und somit
   dein Leben entschleunigen und zugleich beleben
   kannst. All das bringt dich einem zufriedenen,
   bewussten und selbstbestimmten Alltag einen

entscheidenden Schritt näher. Selbst wenn dir dieser Zusammenhang anfänglich noch nicht ganz einleuchten mag, wirst du bald merken, wie Entschleunigung und Achtsamkeit auf jeden Fall deine Zufriedenheit steigern.

2. Sei dir außerdem immer über deine übergeordneten Ziele im Klaren (siehe Seite 34). Manchmal bringen gewisse Veränderungen im Leben kurzfristig erst einmal einen Nachteil. Doch wenn du dein langfristiges Ziel dabei nicht aus den Augen verlierst, kannst du dich dazu motivieren, dennoch durchzuhalten und diese Nachteile zunächst hinzunehmen. Schließlich wirst du am Ende dafür belohnt! Ein Beispiel: Wenn du eine körperliche Einschränkung hast und deshalb zur Physiotherapie gehen musst, macht es auch keinen Spaß sich nach der Arbeit abgeschlagen zur Physiotherapiepraxis zu quälen, um dann mit schmerzerfüllter Miene den Anweisungen des Therapeuten zu folgen.

Doch was dich antreibt, ist das erwartete Ergebnis. Mit zunehmendem Erfolg, spürst du wieder deinen Körper, seine Beweglichkeit, den Nicht-Schmerz. Die Übungen bringen plötzlich eine gewisse Freude, weil sie dich an deinen Fortschritt erinnern und an die mögliche Unbeschwertheit am Ende deines Weges.

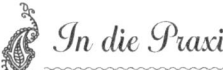

In die Praxis

Kommst du schon morgens kaum in die Gänge, geschweige denn nach einem anstrengenden Arbeitstag? Dann aktiviere Körper und Geist mit einer simplen Übung: Schüttle und rüttle dich!

Stelle dich dafür aufrecht hin. Deine Beine sind schulterbreit geöffnet, deine Knie leicht gebeugt. Nun beginne vorsichtig mit den Knien zu wippen. Schüttle dann gleichzeitig deine Arme und Hände so vor dir aus, als ob du all deine Müdigkeit, deine Sorgen und Belastungen von dir abschütteln könntest. Versuche nicht dich zwanghaft zu bewegen, sondern lass deinen Körper von alleine seinen Rhythmus finden. Gerne kannst du diese Schüttelübung auch zu einer aktivierenden Musik machen.

Du bestehst zu 40 bis 60 Prozent aus Wasser. Was meinst du, wie du deinen Körper durch ein wenig Rütteln und Schütteln in Schwung versetzen kannst? Bringe jede einzelne Zelle deines Körpers in Bewegung und aktiviere damit auch sanft deinen Herzschlag und deine Atmung.

Nach etwa fünf Minuten (gerne auch länger) beendest du den aktiven Part dieser Übung. Du setzt oder stellst dich dafür einfach nur bequem hin und fühlst weitere zwei bis drei Minuten in deinen Körper hinein.

Vielleicht musst du sogar lachen, wenn du diese Übung zum ersten Mal durchführst, denn es wird sich im ganzen Körper ein deutliches Kribbeln bemerkbar machen. Du spürst regelrecht das Leben in dir und kannst nun voll neuer Energie deinen Tag fortführen.

Diese Übung kannst du natürlich auch machen, bevor deine Energie auf dem Tiefpunkt ist, beispielsweise als Mikropause an deinem Arbeitsplatz oder als regelmäßiges, erfrischendes Morgenritual.

Manchmal stellt uns das *Leben* Bäume
in den Weg und spielt mit uns verstecken.

Ernst Ferstl

Äußere Störfaktoren

Gehen wir zurück zu dem Konzertabend, von dem zuvor schon einmal die Rede war. Diesmal klappt es mit der Entspannung wunderbar. Du bist innerlich ruhig, kannst dich auf die Musik konzentrieren und die Klänge genießen. Doch was ist das? Dein Nachbar fängt plötzlich an zu schniefen. Gefühlte zehnmal pro Minute zieht er die Nase hoch und macht jedes Mal ein störendes, unappetitliches Geräusch dabei.

Erinnere dich auch jetzt wieder daran: Du hast die Wahl. Du kannst diese Situation aktiv verändern, sie gelassen annehmen oder verlassen.

Wenn du also deinen teuer erworbenen Sitzplatz nicht einfach so aufgeben kannst oder möchtest, um dich umzusetzen, reiche deinem Nachbarn beispielsweise ein Taschentuch und hilf ihm aus seiner misslichen Lage. So leicht lässt sich manchmal ein vermeintliches Problem lösen, anstatt sich weiter darüber zu ärgern.
Hast du jedoch selbst keine Taschentücher zur Hand, bleibt dir immer noch die Gelassenheit. Doch wie stellst du das an?

In die Praxis

Du kannst den Störfaktor um ein vielfaches abmildern oder gar beseitigen, wenn du dem unliebsamen Geräusch in dir keine Angriffsfläche gibst. Stell dir bildlich vor wie das Geräusch in Schallwellen zerfällt – mehr ist es ja nicht. Die negative Bewertung entsteht tatsächlich erst in dir.

Lass diese Schallwellen nun nicht an dir aufprallen, sondern baue die innerliche Mauer in dir ab, an der sie bisher auf Widerstand trafen. Lass die Schallwellen durch dich hindurchgehen. Soll sich doch ein anderer damit rumärgern. Dir können sie nun nichts mehr anhaben. Denn nur wo ein Widerstand ist, entsteht Reibung, nur wo eine Mauer aus Ärger besteht, da kann sich ein Geräusch in deinem Körper ausbreiten und dich stören.

Es klingt zu leicht um wahr zu sein, doch es klappt tatsächlich. Je öfter du diese Vorstellung des Durchlassens trainierst, desto besser funktioniert es – mit Geräuschen, unangenehmen Gerüchen, verletzenden Worten und vielem mehr. Alles, was von außen kommt, bleibt auch außen. Lass es einfach durch dich hindurch fließen – in dir ist kein Platz dafür.

Der „falsche Schuh"

Erinnerst du dich an das Beispiel mit dem Kieselstein im Schuh? Was, wenn Druck und Schmerz überhaupt nicht von einem Steinchen kommen, sondern dir der Schuh einfach nicht richtig passt?

Übst du beispielsweise fleißig autogenes Training und hast doch das Gefühl, dadurch nicht entspannter im Alltag zu sein? Quälst du dich schon lange jeden Mittwochabend zum QiGong-Training, um dein Gewissen zu beruhigen, hast währenddessen aber keine große Freude?

Stell dir selbst die Frage: Was bringt mir wirklich Freude und Erholung? Welcher Entspannungstyp bin ich eigentlich?

Die meisten in diesem Buch aufgeführten Ideen und Tipps sind weitgehend unabhängig vom Entspannungstypen, da sich gerade Mikropausen und Achtsamkeitsübungen völlig flexibel in den Alltag integrieren lassen und jede für sich eine Möglichkeit darstellt, um zu entschleunigen, den Moment, dich selbst und deine Umgebung wahrzunehmen. Du machst es dir jedoch leichter, wenn du grundsätzlich hinterfragst, welche Entspannungstechniken zu dir und deinen Bedürfnissen passen.

Fällt es dir leicht, wie auf Knopfdruck ein Nickerchen einzulegen oder eine Atemübung durchzuführen? Oder ist es durch den lauten Gedankenwirrwarr in deinem Kopf schon schwierig genug, den eigenen Atem zu hören? Regenerierst du vor allem in Ruhemomenten oder willst du deinen Körper eher spüren – durch aktive Entspannungstechniken wie Yoga, Tai Chi oder Progressive Muskelentspannung? Bist du beim Durchatmen lieber allein oder in Gesellschaft?

Es ist sehr wichtig, dass du erst in dich hinein hörst, bevor du blind einem Vorbild oder einem Ratschlag folgst. Nur weil die beste Freundin es einfach großartig findet, jeden Morgen um 6.00 Uhr die erste Joggingrunde zu drehen, musst du nicht das Gleiche tun.

Vielleicht bedeutet es für deinen Körper eher Stress, so früh bereits den Turbo einzulegen. Es kann sein, dass dein Körper etwas ganz anderes benötigt, um in Schwung zu kommen. Eine kraftvolle Meditation oder sanfte, belebende Morgengymnastik?

Welche Atempause passt zu dir?

Nimm dir genügend Zeit, um diese Fragen zu beantworten und erkenne schwarz auf weiß, was dir gut tut. Du kannst mehrere Punkte ankreuzen und brauchst dich nicht für eine Aussage zu entscheiden.

1. Um aufzutanken bin ich gerne

    O allein

    O unter vertrauten Menschen

    O unter Menschen, die mich nicht kennen

    O bei einem „Entspannungstrainer"

    O in der Nähe von Tieren

    O ....

2. Am besten tanke ich Kraft

○ zu Hause

○ in der Natur

○ beim Sport (Yoga, Pilates, …)

○ ....

3. Wann ist mein Kopfkino besonders aktiv?

○ Ich wache schon mit Stressgedanken auf.

○ Vor allem während meiner Arbeitszeit kreisen meine Gedanken um Probleme.

○ Sobald ich zu Hause bin, beginnt die innere Unruhe.

○ Besonders beim Schlafengehen dreht sich das Gedankenkarussell.

○ Ich fühle mich den ganzen Tag angespannt.

○ Ich brauche eine Denkpause, immer wenn …

....

....

....

4. Wie schalte ich mein Kopfkino aus?

O Ich brauche generell „Ablenkung" oder geführte Anleitungen, um runterzukommen.

O Ich kann mich durch Achtsamkeit selbst innerlich beruhigen und eine Denkpause einlegen.

O Wenn ich kreativ bin (Musik, Handarbeit, etc.), fällt es mir leichter, voll und ganz entspannt zu sein.

O Wenn ich körperlich aktiv bin (Sport, Tanz, etc.) kann ich wunderbar abschalten.

O Am besten klappt es, wenn ich ...

....

5. Mein Körper – erholen oder fordern?

O Ich bin im Alltag körperlich gefordert und danach eher erschöpft und müde, mein Körper braucht dringend eine Pause.

O Eigentlich bin ich nicht körperlich, sondern geistig müde. Mein Geist braucht eine Pause, mein Körper will gefordert werden.

O Ich spüre meinen Körper im Alltag viel zu selten. Ich möchte seine Beweglichkeit mehr genießen und mich nach und nach über Fortschritte freuen.

O Beim Sport tanke ich besonders viel Kraft und Energie.

O Körperliche Aktivität tut mir eigentlich gut, aber die Motivation fehlt noch.

O ....

TRICKKISTE

Ein Sportpartner kann dich bei deinem Vorhaben eines aktiveren Alltags unterstützen. Entweder du verabredest dich direkt zu einem gemeinsamen Sportprogramm oder ihr legt telefonisch wöchentliche Bewegungsziele fest. Sprecht einmal die Woche miteinander und überprüft, ob ihr das gesteckte Ziel erreicht habt. Keiner gibt gerne zu, dass er nachlässig war. Auch ein Bewegungsprotokoll oder ein Schrittzähler bzw. Bewegungsmonitor kann dich zu bewegten Atempausen motivieren.

6. Wie erlerne ich Entspannungstechniken am besten?

O in einem Gruppenkurs unter Anleitung

O in einem persönlichen Einzelcoaching

O mit einem Buch

O mit einem Hörbuch

O mit einer Videoanleitung

O ....

7. Wie erinnere ich mich am besten an regelmäßige Atempausen?

O mit Kalendereinträgen

O mit der Erinnerungsfunktion des Handys

O durch Übungsanleitungen, Bücher, CDs, Sport-kleidungsstücke usw., die an einem gut sicht-baren Ort platziert sind

O durch gegenseitiges Erinnern mit einem Freund/einer Freundin

O ....

O ....

Bitte kreuze an, welche Entspannungstechniken du bereits ausprobiert hast, und bewerte nach dem Schulnotensystem deine Erfahrungen hinsichtlich Entspannungseffekt (E) und Alltagstauglichkeit (A):

Entspannungstechnik: E   A

O Achtsamkeitsübungen: ....

O Mikropausen in der Arbeit: ....

O Autogenes Training: ....

O Geführte Fantasiereisen: ....

O Meditation: ....

O Yoga: ....

O QiGong: ....

O Tai Chi: ....

O Progressive Muskelentspannung
   nach Jacobson: ....

O EFT-Klopftechnik: ....

O Biofeedback: ....

O Focusing: ....

O ....: ....

O ....: ....

O ....: ....

O ....: ....

All deine Antworten zeigen dir auf, wie, wann und wo du am besten Atempausen einlegen solltest, um im Alltag Kraft und Energie zu tanken.

Fasse deine Antworten nun in einigen Sätzen noch mal zusammen und formuliere somit klar und deutlich, wie du deinen Bedürfnissen am besten gerecht werden kannst. Was ist der beste Weg für dich, um Atempausen in deinen Alltag zu integrieren? Wo? Mit wem? Wann? Wodurch?

Kraft tanken kann ich am besten

....

....

....

....

....

....

....

....

....

....

Ein ganzer All-Tag voller Atempausen

Nun kennst du bereits eine Menge Übungen, Möglichkeiten und Chancen, wie du dir im Alltag mehr Atempausen gönnen kannst.

Wenn du nach und nach, Schritt für Schritt, das Gelesene zum Leben erweckst, indem du es in deinen Tag einbaust, ist es so, als würdest du eine schöne Wanderung beginnen: Du kennst dein Ziel, den Gipfel mit der wunderschönen Berghütte. Du weißt, welchen Weg du nehmen möchtest und hast den Berg erforscht, kennst seine Tücken, die steilen Aufstiege und die wundervollen Lichtungen, die zu einer Rast einladen. Bestimmt gibt es auch auf dem Weg zum Gipfel schon die eine oder andere schöne Zwischenstation, um die bereits erfolgreich zurückgelegten Etappen zu feiern. Und im Grunde ist es auch gar nicht so wichtig, wann du ganz oben ankommst, da nicht erst auf der Hütte, sondern bereits auf deinem Weg dorthin viele Abenteuer, kleine Wunder und Geschenke auf dich warten.

Der *Weg* zum Ziel beginnt
an dem Tag, an dem du
die hundertprozentige Verantwortung
für dein Tun übernimmst.

Dante Alighieri

Gehe also jeden Tag ein Stück deines Weges und genieße diese spannende Reise. Frage dich immer wieder: Was habe ich heute gelernt?

Damit du dich nicht verläufst, nimm deine Landkarte immer wieder zur Hand und prüfe, ob du noch auf dem richtigen Pfad bist. Lass dich von diesem Buch und deinen wertvollen Notizen immer wieder aufs Neue erinnern, leiten und inspirieren. Viel Freude und Erfolg bei diesem Abenteuer!

Denn: Das größte Abenteuer der Welt, liegt nicht in fernen Ländern, sondern wartet im Hier und Jetzt darauf, entdeckt zu werden: Es nennt sich Leben!

In die Praxis

Nach allem, was du in diesem Buch erfahren hast, weißt du jetzt, wie ein Tag voller Atempausen aussehen könnte: Du wachst auf, es ist noch früh am Morgen und dein erster Gedanke ist vielleicht: „Ich möchte heute nicht in die Arbeit!".

Doch schnell erinnerst du dich an dein Vorhaben und entkräftest diesen Gedanken, indem du dich erst einmal genüsslich streckst und tief ein- und ausatmest. „Was für ein Geschenk", denkst du, „dass ich heute wieder aufgewacht bin und lebe!" Dabei spürst du deinen Körper von innen. Du fühlst, wie jede Zelle deines Körpers erwacht und voller Lebendigkeit den Morgen begrüßt. Auch wenn es hier und da ein wenig zwickt, sagst du dir laut vor: „Heute ist ein guter Tag! Ich gehe heute in die Arbeit und mache das Beste daraus."

Du steigst aus dem Bett und bringst erst einmal die Kaffeemaschine zum Laufen. Auf dem Weg ins Bad spürst du den kalten Boden unter deinen Füßen. Danach geht's unter die Dusche. Dort genießt du die warme, feuchte Luft, das regenerierende Wasser und den wohltuenden Duft deines Duschgels.

Beim Abtrocken legst du besonderes Augenmerk auf die Körperteile, die dir besonders gefallen und erkennst an, was für ein Wunderwerk dein Körper ist.

Angezogen und bereit für den Tag schenkst du dir mit der anderen Hand als sonst deine Tasse Kaffee ein und genießt beim Trinken jeden Schluck ganz intensiv, denn du schaltest all deine Sinne ein.

Nach dem Frühstück trittst du deinen Arbeitsweg an. Deine Bahn scheint heute Verspätung zu haben, denn es warten bereits viel mehr Leute als sonst am

Bahnsteig. Doch heute übst du dich in Gelassenheit und nutzt die zusätzlichen Minuten Wartezeit, um bewusst zu atmen und deine Umgebung allumfassend wahrzunehmen.

In der Arbeit legst du heute immer wieder kurze regenerierende Pausen ein und fühlst dich dadurch weniger in deinen Aufgaben gefangen. In der Mittagspause lenkst du das Gespräch mit deinen Kollegen auf Positives.

Zurück daheim drehst du zehn Minuten deine Lieblingsmusik laut auf und tanzt dich frei von deiner Arbeit. Der Fernseher bleibt heute den ganzen Abend aus, stattdessen nimmst du dir wenigstens 20 Minuten Zeit, um dich auf ein neues Hobby einzulassen, das dich schon lange interessiert.

Nach dem Abendessen schlürfst du in deiner Wohlfühlecke noch genüsslich eine Tasse Tee und schreibst währenddessen deine heutigen Erfolge und Glücksmomente in dein Dankbarkeitstagebuch. Während du dies machst, fängt irgendwo im Haus jedoch spätabends noch jemand an zu hämmern und es fällt dir schwer dich zu konzentrieren. Du erinnerst dich an die Übung gegen äußere Störfaktoren und genießt trotz dieses kleinen Stolpersteins dein liebgewonnenes

Glücksritual. Du freust dich darüber, dass du schon vieles dazugelernt hast und auch umsetzt. Deshalb klopfst du dir gedanklich selbst auf die Schultern und bist stolz auf dich.

Es ist Zeit, schlafen zu gehen, und obwohl du dich relativ entspannt fühlst, hindern dich die Gedanken über deine derzeitige Lebenssituation am Einschlafen. Du lässt die Gedanken vorüberziehen und begibst dich gedanklich an deinen persönlichen Kraftort. Du schlummerst ein und ein zufriedener Tag voller Atempausen geht vorüber …

Jetzt bist du an der Reihe!

Schreibe nun deinen optimalen Tag voller Atempausen stichpunktartig auf und markiere diese Seite am besten oben mit einem Klebezettel. So findest du deine ganz persönliche Zusammenfassung immer schnell wieder und kannst dir dein Vorhaben regelmäßig ins Gedächtnis rufen. Welche Atempausen, Übungen und Tricks passen genau in deinen Alltag?

Erinnere dich, entscheide dich und dann tu's einfach! Denn: Nicht große Vorsätze verändern dein Leben, sondern kleine Taten!

Mein Masterplan – für einen All-Tag voller Atempausen:

Man kann einen
Menschen nichts lehren,
man kann ihm nur helfen,
es in sich selbst zu *entdecken.*

Galileo Galilei

Danksagung

Danke, dass du diesem Buch die Chance gibst, dich auf einem Weg der Selbstfürsorge zu begleiten und es durch dein Lesen und Schreiben zum Leben erweckst.

Danke, dass du die Welt ein Stückchen friedlicher machst, indem du den Frieden in dir selbst stärkst.

Danke, an das Leben selbst, dass es mich herausfordert und jeden Tag mit Inspirationen beschenkt – mit Momenten, Begegnungen, Wegweisern.

Danke, dass ich die Möglichkeit erhalten habe, all dies mit dir teilen zu dürfen.

Deine Karima Stockmann

Über die Autorin:

Karima Stockmann ist Diätassistentin und Lebensfreude-Coach.
Seit ihrer Diagnose Diabetes mellitus hat sie es sich zur Aufgabe
gemacht, ihren Optimismus und ihre Lebensfreude an andere
weiterzugeben. Das Projekt lebensfreude-heute.de liegt ihr
deshalb ganz besonders am Herzen. Hier motiviert sie zu einem
achtsamen Umgang mit Körper, Geist und Seele. Im Rahmen be-
trieblicher Gesundheitsförderung gibt sie außerdem Ernährungs-
und Lebensfreudeworkshops.

© Doris Kurz

Bildnachweis:

Cover, S. 20: Chris Cheadle/All Canada Photos/Getty Images; S. 9: the food passionates/Corbis;
S. 12: Steven Miric/E+/Getty Images; S. 18: Rob Fiocca Photography/the food passionates/
Corbis; S. 24: David DuChemin/Design Pics/Corbis; S. 27: Jeremy Richards/iStock/Thinkstock;
S. 32: VStockLLC/Vstock/Thinkstock; S. 35: Alex Mares-Manton/Asia Images/Corbis; S. 40/41/
69: Anna Berkut/iStock/Thinkstock; S. 42: Inti St Clair/Blend Images/Corbis; S. 46: Don Johnston/
All Canada Photos/Getty Images; S. 48: O. Alamany & E. Vicens/Corbis; S. 54: katrinaelena/
iStock/Thinkstock; S. 62: Hanazaki Photography/Flickr Open/Getty Images; S. 78: K. Imamura/
Corbis; S. 84/85: byheaven/fotolia; S. 88: William Reavell/Dorling Kindersley/Getty Images; S. 93:
Dmitry Berkut/iStock/Thinkstock; S. 99: Eye Ubiquitous/Corbis; S. 106: Pitzeria/Flickr Open/
Getty Images; S. 110: galdzer/iStock/Thinkstock; S. 112: Ricardo Miguel/Hemera/Thinkstock;
S. 117: KamilloK/iStock/Thinkstock; S. 119: Martin Child/Photodisc/Getty Images; S. 134:
Yarygin/iStock/Thinkstock; S. 148/149: Thomas Dressler/Gallo Images/Getty Images; S. 156:
BrianBray/iStock/Thinkstock. Grafische Elemente: iStockphoto/hpkalyoni.

Textnachweis:

Wir danken allen Autoren bzw. deren Erben sowie dem nachfolgend genannten Verlag, die
uns freundlicherweise die Erlaubnis zum Abdruck von Texten erteilt haben: S. 40/41 von
Thich Nhat Hanh aus: Sei liebevoll umarmt, Übersetzung: Heike Mayer © 2007, Kösel-Verlag,
München in der Verlagsgruppe Random House GmbH.

Idee und Konzept:

Immer eine gute Geschenkidee: www.groh.de

MIX
Papier aus verantwor-
tungsvollen Quellen
FSC® C020056

ISBN 978-3-8485-1186-0
© GROH Verlag GmbH, 2014

137011-5751-01